Harald Loos

ПРОЕКТЫ

Ein Russischlehrwerk
für Beruf und Alltag

Lehrerhandbuch

Max Hueber Verlag

Abkürzungen

LB – Lehrbuch; AB – Arbeitsbuch; LHB – Lehrerhandbuch

Piktogramme

Die Piktogramme mit Seitenzahlen 123 verweisen auf die
entsprechenden Seiten im Lehrbuch.

Seitenzahlen in gerasterten Kästen 12 beziehen sich auf
das Arbeitsbuch.

Neben den Folien finden Sie Hinweise auf die Lektionsabschnitte
A2 , auf die sich die Zusatzübungen beziehen.

Tonbandmanuskripte, die nicht im Lehr- und Arbeitsbuch
abgedruckt sind, erkennen Sie an dem Symbol .

 Dieses Werk folgt der Rechtschreibreform vom 1. Juli 1996.
Ausnahmen bilden Texte, bei denen künstlerische, philologische
oder lizenzrechtliche Gründe einer Änderung entgegenstehen.

3. 2. 1.   Die letzten Ziffern
2001 2000 1999 98 97   bezeichnen Zahl und Jahr des Druckes.
Alle Drucke dieser Auflage können, da unverändert,
nebeneinander benutzt werden.
1. Auflage
© 1997 Max Hueber Verlag, D-85737 Ismaning
Verlagsredaktion: Lektorat Projekte, Gaby Bauer-Negenborn M.A., Starnberg
Umschlaggestaltung: Atelier Kontraste, München
Umschlagfoto: Jürgens Ost- und Europaphoto, Berlin
Druck und Bindung: MB Verlagsdruck, Schrobenhausen
Printed in Germany
ISBN 3–19–024467–7

Inhalt

Vorwort

Liebe Kollegin, lieber Kollege,

Lehrerhandbüchern ist eines gemeinsam: Sie wollen Hilfestellung, Vorschläge und Anregungen zur Benutzung eines Lehrwerks geben. Nicht selten wird daraus eine »Bedienungsanleitung« oder ein »Kochbuch«, das vorschreibt, in welcher Reihenfolge, mit welchen Erklärungen und Übungen welche Ziele erreicht werden (können!). Der Imperativ und seine Umschreibung mit *Sie können/sollten* oder Infinitivstrukturen sind daher der bevorzugte Sprachgebrauch.

Ich möchte Sie zu einem anderen Verfahren einladen. Im ersten Teil (Seite 4-14) dieses *anderen* Lehrerhandbuchs finden Sie:
- eine Beschreibung der Konzeption, die dem Lehrwerk zugrundeliegt,
- eine Erläuterung der Übungstypologie,
- verschiedene Realisierungsmöglichkeiten der Unterrichtsstrategie,
- eine Aufschlüsselung der (zur Zeit leider wuchernden) Abkürzungen aus den Originaltexten,
- einige Anmerkungen zu den Besonderheiten der Lektionen **Старт 1** und **2**.

Im zweiten Teil (Seite 15-83) biete ich Ihnen eine große Anzahl von zusätzlichen Übungen für Ihren Unterricht. Daneben sind alle Hörtexte abgedruckt, die nicht im Lehr- oder Arbeitsbuch zu finden sind, also jene Texte, die nicht als Mustertexte zur eigenen Textproduktion gedacht sind, sondern Zieltexte sind. Außerdem werden für alle Texte die neuen grammatischen Strukturen angegeben. Die neue Lexik entnehmen Sie bitte dem Lektionswortschatz im Lehrbuch (Seite 198-224). Die Vokabeln sind dort in der Reihenfolge ihres Auftretens in den einzelnen Lektionen aufgeführt. Die letzte Seite dieses Lehrerhandbuchs (Seite 83) enthält eine Umrisskarte Russlands mit den Konturen der ehemaligen Sowjetunion.

So weit zum Inhalt des Lehrerhandbuchs. Ich verspreche Ihnen, Sie in keine Methode hineinzupressen und Ihnen keine Didaktikvorlesung zu halten.

Harald Loos

1 Konzeption des Lehrwerks Проекты

Der Untertitel von **Проекты** – Ein Russischlehrwerk für Beruf und Alltag – zeigt die generelle Ausrichtung des Lehrwerks. Die Lerner werden in die Lage versetzt, einige wichtige Situationen des Berufslebens und die häufigsten Situationen des Alltags in russischer Sprache zu meistern. Aus dieser Zielsetzung resultierte die Definition der Kommunikationssituationen. Sie wurden in drei Makrosituationen unterteilt:

- Ein/e deutschsprachige/r Geschäftsmann/-frau fährt nach Russland, um berufliche Kontakte zu knüpfen bzw. bestehende Kontakte zu pflegen. Er/sie bewältigt den Alltag in Russland während dieses Aufenthaltes (Lektionen 1-15).
- Ein/e deutschsprachige/r Geschäftsmann/-frau empfängt seine/ihre russischsprachigen Geschäftspartner/innen zu Hause und hilft ihnen, den Alltag in einem deutschsprachigen Umfeld zu meistern (Lektionen 16-20).
- Ein/e deutschsprachige/r Geschäftsmann/-frau führt erste Verhandlungen mit den russischsprachigen Gesprächspartner(inne)n (Lektionen 21-25).

Daraus ergab sich die folgende Gewichtung für die Sprachverwendung:

- Teilnahme an Gesprächen (Hörverstehen und Sprechen in Dialogen), kleinere eigene Aussagen (Monologe),
- Verstehen von Mitteilungen, Durchsagen, Anrufbeantwortern, Interviews (Hörverstehen) sowie von Briefen und kürzeren Lesetexten (globales Leseverstehen),
- Schreiben von Notizen, kurzen Mitteilungen und Briefen sowie das Ausfüllen von gängigen Formularen, in den Lektionen 21-25 zusätzlich das Anfertigen von Aktennotizen.

Weiterhin resultierte daraus, dass alle mündliche Kommunikation zwischen Russen und deutschsprechenden Personen stattfindet. Nach der Analyse der Rolle der Deutschsprechenden (Was tun sie in der betreffenden Situation? Hören, sprechen, lesen und/oder schreiben?) haben wir festgelegt, welche sprachlichen Mittel (Lexik, Grammatik, Phonetik/Intonation), welches Sozialverhalten und welches landeskundliche Hintergrundwissen den Lernern vermittelt werden soll und welche Lerninhalte produktiv (aktiv), welche rezeptiv (passiv) beherrscht werden sollten.

Die nächste Entscheidung betraf die Reihenfolge und die Progression des Sprachmaterials. Unser Ziel war es, die Mitte zwischen spürbarem, und daher motivierendem Fortschritt und »Machbarkeit« zu finden. Entscheiden Sie, ob uns das gelungen ist.

Aus diesen Vorüberlegungen entstand die Struktur der einzelnen Lektionen. Jede Lektion besteht aus einer übergeordneten Situation (Makrosituation), die in mehrere Mikrosituationen unterteilt ist. Die **Уроки 1-20** bestehen aus fünf gleich aufgebauten Teilen:

1. Texte als sprachliche Realisierung der Situationen mit kommunikativen Aufgaben im Lehrbuch und sprachformalen Übungen im Arbeitsbuch. Mündliche und schriftliche Texte werden entweder als Muster für die eigene Textproduktion oder als Zieltexte verstanden. Mündliche dialogische Texte sind in der Regel sowohl Muster- als auch Zieltexte.
2. **Так говорят русские** – Zusammenstellung der wichtigsten Sprachklischees der Lektion zur Realisierung bestimmter Sprechintentionen.
3. Kurzdarstellung der neuen Grammatik in tabellarischer Form kontrastiv zum Deutschen. Zu diesem Zweck wurden immer wieder wortwörtliche Hilfsübersetzungen aus dem Russischen ins Deutsche aufgenommen, mit dem Ziel, die russische Struktur transparent zu machen.
4. Ein weiterer Übungsblock als integrierte Wiederholung, der im Unterschied zu den kommunikativen Übungen nach den Einstiegstexten den Lernenden die Möglichkeit zum Ausdruck persönlicher Sprechabsichten bietet.
5. **Вы это уже знаете?** – Hintergrundinformation über Land und Leute zum Thema der Lektion (in den ersten Lektionen auf Deutsch mit einzelnen russischen Wörtern, später auf Russisch mit deutschen Vokabelhilfen).
6. Der russisch-deutsche Lektionswortschatz, sortiert nach dem ersten Auftreten der Wörter, befindet sich im Anhang des Lehrbuchs ab Seite 198.

Die **Переговоры 1-4** sind auf die Punkte 1 und 3 beschränkt. Die Lektionen 5, 10, 15, 20 und 25 (**Переговоры 5**) sind Wiederholungseinheiten, in denen die Situationen der vorangegangenen Lektionen nochmal leicht verändert zu lösen sind.

Die Lektionsstruktur spiegelt – хочешь, не хочешь – in gewisser Weise eine Unterrichtsstrategie (keine Methode!) wider, die im Hinblick auf die Entwicklung der produktiven Fertigkeiten aus drei Schritten besteht:

1. Vom Globalverstehen einer Mustersituation/eines Mustertextes (also der ersten Bekanntschaft mit einer dialogischen Situation über das Ohr)
2. über das Erarbeiten der für die eigene Textproduktion unerlässlichen sprachlichen Mittel anhand von Übungen
3. zum Lösen von Kommunikationssituationen anhand von Aufgaben.

Im Lehrbuch bieten wir Ihnen die Schritte 1 und 3 an, im Arbeitsbuch die Übungen zu Schritt 2. In diesem Lehrerhandbuch finden Sie weitere Übungen zu Schritt 2 sowie Rollenspiele und Interview-Kärtchen (siehe »Übungstypologie«, Seite 6 ff.) als Vorstufe zum 3. Schritt.

1. Schritt

Da ein großer Teil der Lehrbuch-Situationen dialogischer Natur ist, erfüllen die Hörtexte eine doppelte Aufgabe:

- Sie bieten den Lernenden die Möglichkeit, das Hörverstehen in der Fremdsprache, und zwar das Globalverstehen, regelmäßig zu trainieren.
- Sie sind Muster für die eigene Sprachproduktion.

Vor den Texten im Lehrbuch befinden sich in der Regel Hinweise auf Übungen im Arbeitsbuch. Diese Übungen dienen zur Vorentlastung der wichtigsten neuen Lexik und Grammatik. Sie sind unerlässlich zur Vorbereitung des Globalverstehens beim ersten Hören, das einen wichtigen Motivationsfaktor für die Lernenden darstellt. (Zu alternativen Wegen siehe »Verschiedene Realisierungsmöglichkeiten«.) Auch wenn die Texte/Dialoge im Lehrbuch abgedruckt sind, sollte die Erstvorstellung zur Schulung des Hörverstehens immer bei geschlossenen Lehrbüchern erfolgen.

In der Regel wird nach den Texten eine Übung zur Kontrolle des Globalverstehens angeboten (Fragen zum Textverstehen, Aufforderung zu einer kurzen Textzusammenfassung usw.). Natürlich sind auch andere Formen zur Kontrolle des Textverstehens möglich, z.B. jeder teilt mit, was er verstanden hat, und die gesamte Lerngruppe trägt auf diese Weise die einzelnen Mosaiksteine zusammen. Alle zusammen haben meist alles verstanden, wobei es noch unerheblich ist, in welcher Sprache dies durchgeführt wird. Es kann durchaus auch in deutscher Sprache erfolgen.

2. Schritt

Das Lernziel des 2. Schrittes ist die Erarbeitung der neuen sprachlichen Mittel, die zum Lösen der Kommunikationssituationen (3. Schritt) eine wesentliche Voraussetzung sind. Dabei haben wir uns um Übungen bemüht, in denen die sprachlichen Mittel nicht vom Inhalt der Situation losgelöst werden. Die einzige Ausnahme bildet die Deklination: Hier gibt es auch kurze Drillübungen (siehe Kapitel »Übungstypologie«) außerhalb des situativen Kontextes. Sie werden feststellen, dass wir versucht haben, immer *nur* die kontextgebundene Lexik oder Grammatik zu üben, d.h. die zur Lösung einer bestimmten Situation gerade notwendigen und ausreichenden konkreten lexikalischen oder grammatischen Einzelerscheinungen, und nicht das grammatische Phänomen an sich. Ich möchte dies gerne am Beispiel der ersten beiden Übungen des Arbeitsbuchs erläutern. Die Arbeitsanweisung in Übung 1 lautet: »Schließen Sie sich der Aussage an.« Die Lernenden sollen auf möglichst imitative Art mit dem neuen Verb работать das Muster der e-Konjugation und den Präpositiv des Substantivs erarbeiten und festigen. Die Aufgabenstellung in Übung 2 lautet: »Fragen Sie nach dem Wohnort. Wie lautet die Antwort?« Sie erfordert von den Lernenden neben der Einführung des Verbs жить und seiner Formen auch die Bildung des Präpositivs. Jeder Übung ist übrigens ein Muster vorangestellt, das die knappe Übungsbeschreibung illustriert. Sie brauchen dieses Muster aber nicht als eine Fessel anzusehen, die jede andere Antwort ausschließt – alle Reaktionen sind willkommen.

Ich bin überzeugt, Sie sind mit mir einer Meinung, dass die Häufigkeit der Sprachverwendung einen positiven Einfluss auf die Entwicklung der Sprachbeherrschung hat. Je öfter die Lernenden die Fremdsprache benutzen, desto größer wird ihr

Lernerfolg sein. Um dies zu erreichen, sollte jeder Lernende alle Übungen *mündlich* durchführen, denn das Hauptlernziel ist ja die Bewältigung dialogischer Situationen. Einer schriftlichen Nachbereitung der Übungen steht natürlich nichts im Wege. Die mündliche Durchführung kann unseres Erachtens aber nur sinnvoll in Partner- bzw. Gruppenarbeit erfolgen, einer Arbeitsform, die das größte Maß an Eigentätigkeit der Lernenden garantiert, ihnen aber gleichzeitig ein außergewöhnlich hohes Maß an Eigenverantwortlichkeit abverlangt. Aus diesen Überlegungen heraus wurde der überwiegende Teil der Übungen gezielt für Partner- bzw. Gruppenarbeit konzipiert. Um den Lernenden die Selbstkontrolle zu ermöglichen, haben wir den »Schlüssel zu den Übungen« in das Arbeitsbuch (Seite 89-101) aufgenommen. Weshalb Selbstkontrolle? Nehmen wir als Beispiel wieder die ersten beiden Übungen im Arbeitsbuch. Wenn sich die Lernenden in Dreiergruppen aufteilen, spielen zwei von ihnen die Übungen durch, der oder die dritte hat den Schlüssel geöffnet und begleitet die Übung als »Kontrolleur«. Danach werden die Rollen getauscht, so dass jeder jede Rolle übernimmt. Für uns Lehrer wird es in solchen Übungsphasen etwas hektisch, da wir als »Supervisor« von Gruppe zu Gruppe sausen müssen. In dem Schlüssel sind natürlich nur die Übungen berücksichtigt, die eine möglichst eindeutige Antwort zulassen. Sollten Sie den Eindruck haben, dass die eine oder andere Übung nicht sofort in die Eigentätigkeit der Lernenden übergeben werden kann, so steht einem »frontalen« Durcharbeiten der Übung mit der gesamten Lerngruppe als Vorbereitung zur Gruppenarbeit natürlich nichts im Weg.

3. Schritt

Die Vermittlung der Fähigkeit, Kommunikationssituationen zu lösen, ist das Hauptziel des Lehrwerkkomplexes. Das Lehrbuch bietet dazu ausreichende Möglichkeiten durch die zahlreichen situativen Aufgabenstellungen, d.h. die Beschreibungen von Kommunikationssituationen, die von den Lernenden zu bewältigen sind. Wir haben die Frage, wie ausführlich und präskriptiv diese Beschreibungen ausfallen sollten, ausgiebig diskutiert. Schließlich überzeugte uns die Ansicht dreier Kollegen, die die Urfassung des Lehrbuchs zwei Jahre lang erprobten, dass eine allgemeine

Beschreibung vollkommen ausreiche, weil erwachsene Lernende in solchen Situationen ihre eigenen Bedürfnisse realisieren möchten. Ein detailliertes Vorschreiben der einzelnen Schritte sei keine Vorbereitung auf das wirkliche »Sprachleben«. Außerdem, so meinten sie, gäbe es genügend Übungen, die als Gerüst dienten. Als Kompromiss bieten wir Ihnen im Lehrerhandbuch einige Dialogschemata, Rollenspiele und Interview-Kärtchen (siehe »Übungstypologie«) an. Zum Lösen von Kommunikationsaufgaben sind Partner- und Gruppenarbeit die *optimale* Arbeitsform. Dabei wird es für uns Lehrer oft noch etwas hektischer als während der Gruppenarbeit in der Übungsphase. Aber die Erfahrung hat uns gezeigt – es lohnt sich. Probieren Sie es aus!

2 Übungstypologie

Ich hoffe, es ist uns gelungen, Ihnen mit den Übungen des Lehrbuchs (LB), Arbeitsbuchs (AB) und Lehrerhandbuchs (LHB) eine so große Palette an Materialien anzubieten, dass Sie die wichtigsten grammatischen und lexikalischen Erscheinungen des Russischen mit Ihren Lernenden ausreichend trainieren können. Wir strebten dabei eine möglichst große Vielfalt in den Übungsformen an. Trotzdem sollte natürlich gewährleistet sein, dass die Lernenden im konkreten Fall genau das üben, was sie beherrschen sollen. Der Bogen der Übungen zieht sich vom Trainieren isolierter Einzelerscheinungen aus Lexik und Grammatik über etwas größere Sinneinheiten zu text- bzw. situationsumfassenden Übungsformen. Letztere münden häufig in die Wiederherstellung des Mustertextes bzw. der Ausgangssituation anhand von Lückentexten und bilden so die Brücke zur Lösung von Kommunikationssituationen (3. Schritt).

Sie finden im Lehrerhandbuch einen Großteil der Übungen als Kopiervorlagen für Overhead-Folien. Möchten Sie Ihren Lernenden die Übungen als Handouts mit nach Hause geben, so verkleinern Sie einfach eine Doppelseite auf A4-Format. Warum Folien bzw. Handouts? Zunächst einmal ist nicht nur der Wechsel der Arbeitsformen, sondern auch der Wechsel der Medien im Unterricht eine wesentliche Voraussetzung zur Erhaltung der Aufmerksamkeit, außerdem eignen sich Folien gerade dann besonders gut, wenn Sie die Aufmerksamkeit aller gleichzeitig auf einen Punkt lenken wollen, also immer dann, wenn Sie mit der gesamten Gruppe arbeiten möchten. Ein psychologischer Faktor spielt hier ebenfalls eine nicht zu unterschätzende Rolle. In der Gesamtgruppe bleibt die Anonymität derjenigen, die einen Fehler machen, gewahrt, andererseits bleiben individuelle Schwierigkeiten möglicherweise unberücksichtigt, während die Partner- und Gruppenarbeit eine größere Individualisierung bedeutet, in der die Lernenden sich selbst zu helfen versuchen und der Lehrer nur bei »unlösbaren« Problemen hinzugezogen wird.

Erlauben Sie mir, nur jene Übungstypen stichwortartig zu beschreiben, die in Russischlehrbüchern in dieser Form nur selten zu finden sind. Mit den herkömmlichen Übungsformen (Inhaltswiedergabe, Antworten auf Fragen anhand vorgegebener Daten, Imitationsübungen (»Schließen Sie sich der Aussage an.«), Erweiterungsübungen, Einsetzübungen, Ergänzungsübungen, Übersetzungsübungen, Reagieren auf vorgegebene Stimuli usw.) will ich Sie nicht aufhalten.

Drill

In der Regel: Zu einer Frage werden verschiedene Ausdrücke angegeben, mit denen die Frage beantwortet werden soll, beschränkt auf die Deklination (im AB »verklausuliert«, im LHB als Kopiervorlagen für Folien).

Ziele: Wiederholung; Selbstkontrolle; gemeinsames Klären von Fragen der Deklination.

Mündliche Durchführung:

a) »Frontal« mit Gesamtgruppe
AB: L stellt Frage, Gruppe gibt die Antwort im Chor, die richtige Antwort wird zur Kontrolle wiederholt; schnelle, dynamische Durchführung.
LHB (Kopiervorlage): Folie wird aufgelegt, der zu übende Ausdruck ist nicht abgedeckt, L stellt Frage, Gruppe gibt die Antwort im Chor, die richtige Antwort wird zur Kontrolle wiederholt; schnelle, dynamische Durchführung.

b) In Gruppenarbeit
AB: Dreiergruppe – erste Person fragt, zweite antwortet, dritte kontrolliert und hilft anhand des Schlüssels.
LHB: Partnerarbeit anhand der Folien (keine Kontrollinstanz außer bei Fragen durch den Lehrer).

Schriftliche Durchführung: Gegebenenfalls als Nachbereitung.

Lückentext

Immer: Betrifft einen Text (Sinneinheit), im Gegensatz zur Einsetzübung keine Angabe der einzusetzenden Wörter (sie müssen aus dem Kontext entnommen werden, darüber hinaus müssen sie so ausgewählt werden, dass sie sich der vorgegebenen Satzstruktur anpassen), trotzdem viele Möglichkeiten für Synonyme, die die Lernenden einbringen.

Verschiedene Ziele in verschiedenen Modifikationen: Wiedererstellen eines bereits erarbeiteten Mustertextes; Ersterarbeiten eines Mustertextes (siehe Kapitel »Verschiedene Realisierungsmöglichkeiten«); Erarbeiten einzelner lexikalischer oder grammatischer Fragen im Kontext einer Situation.

Mündliche (danach gegebenenfalls schriftliche) Durchführung:

a) »Frontal« mit Gesamtgruppe
AB, LHB (Folie): Nach kurzer stiller Vorbereitung lautes Chorlesen in der Gesamtgruppe; bei dialogischen Texten auch Aufteilen der Gesamtgruppe in zwei Gruppen: Gruppe 1 liest die Repliken A, Gruppe 2 die Repliken B.

b) In Gruppenarbeit (dafür besonders geeignet)
AB, LHB (Folien oder Handouts): Partnerarbeit, wenn Lücken nur in den Repliken eines Gesprächspartners (A) sind, Partner A benutzt den Lückentext, Partner B den vollständigen LB-Text, Lesen in verteilten Rollen, wenn A Schwierigkeiten hat, hilft B anhand seines Textes, danach Rollentausch. Alternative: Arbeit in Dreiergruppen, wenn Lücken in den Repliken beider Gesprächspartner (A und B) sind, A und B benutzen den Lückentext, Partner C den vollständigen LB-Text; Lesen in verteilten Rollen, wenn A oder B Schwierigkeiten haben, hilft C, danach Rollentausch.

Ordnen/Zuordnen

In der Regel: Ungeordneter Text, bei dialogischen Texten sind die Repliken von A in chronologischer Reihenfolge angeführt, die Repliken von B in der alphabetischen Reihenfolge der Replikenanfänge.

Ziele: Erstellen oder Wiedererstellen des Textes durch Ordnen bzw. Zuordnen der einzelnen Teile; Hypothesenbildung hinsichtlich des Inhalts; genaues Verstehen der Situation und der dazu benötigten sprachlichen Mittel; Aufarbeiten von sprachlichen Schwierigkeiten; Einheit von Inhalt und Sprachform.

Mündliche Durchführung:

a) »Frontal« mit Gesamtgruppe / **b)** In Kleingruppen

AB und LHB (Folien oder Handouts): Nach Erledigung mündliche Präsentation (lautes Vorlesen des Gesprächs in verteilten Rollen).

Wörterwurm

Immer: Text ohne Worttrennung, Großschreibung und Interpunktion; bei dialogischen Texten ohne Trennung der Repliken.

Ziele: Erstellen oder Wiedererstellen des Textes; Hypothesenbildung hinsichtlich des Inhalts; durch richtige Worttrennung Bewusstmachung der Vokabeln und ihrer richtigen Form; durch Großschreibung und Interpunktion Erstellen der Satzebene; durch Replikenzuordnung Sicherstellen des Verstehens.

Mündliche Durchführung:

a) »Frontal« mit Gesamtgruppe / **b)** In Kleingruppen

LHB (Folien oder Handouts): Nach Erledigung lautes Vorlesen; bei dialogischen Texten in verteilten Rollen

Dialogschema

Immer: Vorgabe des Inhalts und der Reihenfolge der Dialogrepliken in groben Zügen.

Ziele: Erarbeiten des Dialogs, Vorbereitung zur Lösung von Situationen.

Mündliche (danach gegebenenfalls schriftliche) Durchführung:

a) In Partnerarbeit

AB, LHB (Folien oder Handouts): Nach Erledigung mündliche Präsentation.

Puzzle

Immer: Im Text fehlen Wörter, die nach dem Text in alphabetischer Reihenfolge aufgelistet sind und an die richtigen Stellen gesetzt werden müssen.

Ziele: Erstellen des Textes; Hypothesenbildung hinsichtlich Inhalt; durch Einsetzen an den richtigen Stellen Bewusstmachung der Vokabeln und ihrer richtigen Form, d.h. der Sprachstruktur; inhaltliches Verstehen.

Mündliche (danach gegebenenfalls schriftliche) Durchführung:

a) »Frontal« mit Gesamtgruppe / **b)** In Kleingruppen

LHB (Folien oder Handouts): Nach Erledigung mündliche Präsentation (lautes Vorlesen als Endkontrolle).

Vergleich/Ausgestaltung

Immer: Auf Sachebene reduzierter LB-Dialog, es fehlt die sprachliche Realisierung der Beziehungsebene; Vergleich des abgedruckten Gesprächs mit dem aus dem LB zur Bewusstmachung der Beziehung zwischen den Gesprächspartnern.

Ziele: Sensibilisierung und Bewusstmachung, wie »unwirklich« ein Dialog wird, der nur auf der Sachebene abläuft; thematisieren, was ein »wirkliches« Gespräch ausmacht; danach Ausgestaltung des »unwirklichen« Dialogs durch Aufbau der Beziehungsebene, Ergänzung sprachlicher Mittel. (Diese Übung ist eigentlich eine Wiedererstellung des Lehrbuchdialogs, sie lässt aber viele Möglichkeiten für synonyme Strukturen offen.)

Mündliche Durchführung:

a) »Frontal« mit Gesamtgruppe / **b)** In Kleingruppen

LHB (Folien oder Handouts)

Rollenspiel

Immer: Jedes Kärtchen beschreibt nur das, was der Kärtcheninhaber sprachlich erreichen will, oder es gibt seinen Wissensstand wieder, der Informationstransport muss ausgehandelt werden durch Nachfragen, Kontrollfragen oder mit der Mitteilung, dass der eigene Wissensstand erschöpft ist.

Ziel: Vorbereitung zur Lösung von Kommunikationsaufgaben.

Mündliche Durchführung:

a) In Partnerarbeit

LHB (Folien oder Handouts): Kärtchen A für Partner 1 und Kärtchen B für Partner 2.

Interview-Kärtchen

Immer: Einige Fragen zu einem Thema, die der Interviewte beantworten soll; Interviewer kann und soll Fragen beliebig erweitern.

Ziele: Aufgabenstellungen, die meist in Kleingruppen zu lösen sind.

Schwierigkeit: Die Kärtchen-Fragen mit den noch beschränkten sprachlichen Mitteln zu stellen, ist problematisch. Wichtig ist die Paraphrasierung der Fragen.

Hilfe: Gemeinsam in Großgruppe mögliche sprachliche Schwierigkeiten der Fragen besprechen. Einige der erfahrungsgemäß auftretenden Schwierigkeiten sind im Anschluss an die Kärtchen erwähnt.

Die Übungsformen mit Interview-Kärtchen sind nicht an die genannten Lektionen gebunden. Sie können diese Übungen auch in anderen Lektionen einsetzen.

Mündliche Durchführung:

a) In Partnerarbeit

LHB (Folien oder Handouts): A befragt B und präsentiert das Interviewergebnis der Großgruppe. Alternative: Interview mit anschließender statistischer Auswertung (je nach Thema) in Großgruppe und Präsentation; danach schriftlicher Bericht.

Aktennotiz/Докладная записка

LHB (Folien oder Handouts): Ein »Formular« als Vordruck befindet sich im LB in **Переговоры 1** (Seite 179). Eine Aktennotiz kann bei jedem Dialog (insbesondere in den Lektionen **Переговоры 1-4**) als Aufgabe gestellt werden. Der Lernende schlüpft in die Rolle eines der Gesprächsteilnehmer (die Rolle muss festgelegt werden) und verfasst aus dessen Sicht für einen konkreten Adressaten, z. B. den russischsprachigen Chef, Stellvertreter, Sekretär, Mitarbeiter usw. die Aktennotiz.

Vokabeln

AB, LHB (Folien oder Handouts): Es werden einige Möglichkeiten zur Vokabelwiederholung in spielerischer Art angeboten.

3 Realisierungsmöglichkeiten der Unterrichtsstrategie oder »Viele Wege führen zum Ziel«

Die erwähnte Drei-Schritte-Strategie legten wir als durchgehendes Strukturierungsmodell im Lehrbuch für die Erarbeitung aller dialogischen Kleinsituationen zugrunde. Da im Unterricht in jeder Hinsicht Vielfalt und Abwechslung gefragt sind, möchte ich Ihnen anhand einiger Beispiele auch andere Realisierungsmöglichkeiten vorstellen, die Sie mit Lehrbuch, Arbeitsbuch und Lehrerhandbuch umsetzen können.

1 Vorentlastung

LB, Lektion 6, Teil A 2, Seite 62 (Госпожа Штейнер живёт …):

1. Vorentlastung anhand der AB-Übungen 1-3: Erarbeitung der zum Globalverstehen notwendigen und ausreichenden sprachlichen Mittel.
2. Erstes Hören des Mustertextes (LB geschlossen): Globalverstehen, Orientieren in der Situation.
3. Kontrolle des Globalverstehens anhand LB-Übung 3.
4. Zweites Hören des Mustertextes (LB geöffnet, leises Mitlesen): Detailverstehen durch
5. Klären von aufgetauchten Problemen: Erarbeitung weiterer sprachlicher Mittel, Üben anhand der AB-Übungen 4/5.
6. Leises Lesen des Textes und danach Klären von letzten Fragen.
7. Lesen bzw. Spielen des Mustertextes mit verteilten Rollen.
8. Lösen der Kommunikationssituationen in den LB-Übungen 4/5.

Alternative

1. Vorentlastung anhand AB-Übungen 1-3: Erarbeitung der zum Globalverstehen notwendigen und ausreichenden sprachlichen Mittel.
2. Erstes Hören des Mustertextes (LB geschlossen): Globalverstehen, Orientieren in der Situation.
3. Kontrolle des Globalverstehens anhand LB-Übung 3.
4. »Zuordnen« aus LHB (Folie oder Handout): Detailverstehen durch
5. Klären der aufgetauchten Probleme: Erarbeitung weiterer sprachlicher Mittel, Üben anhand der AB-Übungen 4/5.
6. Zweites Hören.
7. »Lückentext« aus LHB (Wiedererstellen des Mustertextes) mit anschließender Präsentation mit verteilten Rollen.
8. Lösen der Kommunikationssituationen in den LB-Übungen 4/5.

2 Texterstellen anhand eines Gerüstes

LB, Lektion 16, Teil B 1, Seite 143 (Юрий Васильевич Волыгин прилетает в Вену ...)

1. Lesen des »Lückentextes« (= Gerüst) aus LHB (Folie oder Handout) in Kleingruppen (oder gemeinsam in der Großgruppe), dabei Hypothesenbildung hinsichtlich des Inhalts der Situation.
2. »Erstellen« des Textes (Ergänzen der Lücken), dabei
3. Erarbeiten der zum Detailverstehen des Textes notwendigen sprachlichen Mittel.
4. Hören des Textes und Vergleich des (gemeinsam) erstellten Textes mit dem Tonbandtext.
5. Besprechen möglicher Abweichungen und Klären weiterer Fragen.
6. Präsentation des Textes mit verteilten Rollen.
7. Lösen der Kommunikationssituation in LB-Übung 3, Seite 147.

Alternative

Переговоры 2б, Seite 143, Übung 3 (Господин Крюгер звонит в фирму «Стройтехника».)

1. Lesen des »Puzzles« (= Gerüst) aus LHB (Folie oder Handout) in Kleingruppen (oder gemeinsam in der Großgruppe), dabei Hypothesenbildung hinsichtlich des Inhalts der Situation.
2. »Erstellen« des Textes (Einsetzen der Puzzleteile), dabei
3. Erarbeiten der zum Detailverstehen des Textes notwendigen sprachlichen Mittel und
4. Üben anhand der AB-Übungen 1/2.
5. Hören des Textes und Vergleich des (gemeinsam) erstellten Textes mit dem Tonbandtext.
6. Besprechen möglicher Abweichungen und Klären weiterer Fragen.
7. Präsentation des Textes mit verteilten Rollen.
8. Lösen der Kommunikationssituation in LB-Übung 10, Seite 184.

Alternative

LB, Lektion 7, Teil A 1, Seite 70 (Как туда попасть?)

1. Lesen des »Wörterwurms« (= Gerüst) aus LHB (Folie oder Handout) in Kleingruppen (oder gemeinsam in der Großgruppe), dabei Hypothesenbildung hinsichtlich des Inhalts der Situation.
2. »Erstellen« des Textes (Trennung des Wörterwurms in einzelne Wörter), dabei
3. Erarbeiten der zum Detailverstehen des Textes notwendigen sprachlichen Mittel und
4. Üben anhand von AB-Übung 1.
5. Hören des Textes: Abgrenzung der Repliken und Setzen der Interpunktion.
6. Vergleich des (gemeinsam) erstellten Textes mit dem Tonbandtext.
7. Besprechen möglicher Abweichungen und Klären weiterer Fragen.
8. Präsentation des Textes mit verteilten Rollen.
9. Lösen von Kommunikationsituationen erst **nach** LB-Übung A 2.

Alternative

LB, Lektion 13, Teil A 1, Seite 118 (Господин Хохштрассер хочет обменять деньги ...)

1. Lesen der ungeordneten Repliken (= Gerüst) aus LHB (Folie oder Handout) in Kleingruppen (oder gemeinsam in der Großgruppe), dabei Hypothesenbildung hinsichtlich des Inhalts der Situation.
2. Ordnen der Repliken zu einem Text, dabei
3. Erarbeiten der zum Detailverstehen des Textes notwendigen sprachlichen Mittel (vier neue Vokabeln) und
4. Hören des Textes.
5. Vergleich des (gemeinsam) erstellten Textes mit dem Tonbandtext.
6. Besprechen möglicher Abweichungen und Klären weiterer Fragen.
7. Präsentation des Textes mit verteilten Rollen.
8. AB-Übung 1.
9. Lösen der beschriebenen Situation anhand des Dialogschemas in AB-Übung 2.

3 Bilingual – Parallelübersetzung

Hierbei wird parallel zum russischen Tonbandtext vom Lehrer eine Art Übersetzung geboten, die keine Interlinearversion zum russischen Text ist, sondern eine normgerechte Wiedergabe auf Deutsch. Diese Form bietet sich insbesondere bei kürzeren Hörtexten an, die nicht mit neuen grammtischen und lexikalischen Erscheinungen überhäuft sind. Dieser Weg ist zeitökonomisch und lässt nach zwei- oder dreimaligem Hören und Nachsprechen die Beantwortung von Fragen zum Text problemlos zu, oft auch einen Transfer. Die Aufarbeitung der Grammatik und Lexik darf danach aber trotzdem nicht vergessen werden!

4 Ausgestaltung eines »unwirklichen« Dialogs zu einem »wirklichen«

LB, Lektion 19, Teil B 1, Seite 168 (Юрий Волыгин хочет навестить своих друзей в Мюнхене.)

1. Lesen und Verstehen des »unwirklichen« Dialogs aus dem LHB (Folie oder Handout), dabei
2. Erarbeiten der zum Verstehen dieses Textes notwendigen sprachlichen Mittel.
3. Analyse des »unwirklichen« Dialogs: Herauslösen und Markieren jener Stellen im Dialog, in denen das Fehlen der Beziehungsebene zwischen den Gesprächspartnern besonders augenscheinlich ist.
4. Gemeinsames (oder in Kleingruppen) Erarbeiten der zur Ausgestaltung der Beziehungsebene notwendigen sprachlichen Mittel.
5. Hören des »wirklichen« LB-Dialogs und
6. Vergleich mit dem ausgestalteten Dialog.
7. Erarbeiten der zum Verstehen des LB-Dialogs notwendigen und ausreichenden sprachlichen Mittel.
8. Üben anhand der AB-Übungen 4-6.
9. Präsentation des LB-Dialogs mit verteilten Rollen.
10. Rollenspiel aus dem LHB (Folie oder Handout).
11. Lösen der Kommunikationssituationen im LB, Teil B, Übungen 3/4.

Alternative

1. Vorentlastung anhand von AB-Übung 4: Erarbeitung der zum Globalverstehen notwendigen und ausreichenden sprachlichen Mittel.
2. Erstes Hören des »echten« Dialogs (LB geschlossen): Globalverstehen, Orientieren in der Situation.
3. Kontrolle des Globalverstehens anhand LB, Teil B, Übung 2.
4. Zweites Hören des Mustertextes (LB geöffnet, leises Mitlesen): Detailverstehen durch
5. Klären von aufgetauchten Problemen: Erarbeitung weiterer sprachlicher Mittel, Üben anhand der AB-Übungen 5/6.
6. Leises Lesen des Textes und danach Klären von letzten Fragen.
7. Lesen bzw. Spielen des »wirklichen« Dialogs mit verteilten Rollen.
8. Lesen des »unwirklichen Dialogs« aus dem LHB (Folie oder Handout), LB geschlossen.

9. Analyse des »unwirklichen« Dialogs: Herauslösen und Markieren jener Stellen im Dialog, in denen das Fehlen der Beziehungsebene zwischen den Gesprächspartnern besonders augenscheinlich ist.
10. Erarbeiten der zur Ausgestaltung der Beziehungsebene notwendigen sprachlichen Mittel in Kleingruppen (z.T. Wiedererstellung des LB-Dialogs, Möglichkeiten für synonyme Strukturen).
11. Präsentation des selbsterstellten Dialogs mit verteilten Rollen.
12. Rollenspiel aus LHB (Folie oder Handout).
13. Lösen der Kommunikationssituationen im LB, Teil B, Übungen 3/4.

4 Abkürzungen in Originaltexten

Da in dieser Zeit des sozialen Umbruchs in Russland viele Abkürzungen entstehen, verschwinden und (noch) nicht kodifiziert sind, versuche ich die Abkürzungen aus den in Lehr- und Arbeitsbuch verwendeten Originaltexten zu entschlüsseln. Leider konnte ich trotz der Hilfe vieler russischer Freunde nicht alle Abkürzungen klären.

2* (Seite 172)
двухзвёздочная гостиница
а/я (Seite 174)
абонементный ящик (Postfach)
АО (Seiten 93/94, 58, 176)
Акционерное общество (Aktiengesellschaft)
АОЗТ (Seite 148)
Акционерное общество закрытого типа (Aktien sind nur einem eingeschränkten Aktionärskreis zugänglich; kein öffentlicher Aktienhandel)
АООТ (Seite 176)
Акционерное общество открытого типа (Aktien werden öffentlich gehandelt)
ВАЗ (Seite 97)
Волжский автомобильный завод
ВО (Seite 11)
Всесоюзное объединение (politisch motivierte Organisationsform bis Anfang der 90er Jahre)
г-ца (Seite 172)
гостиница

Гр. (Seite 11)
гражданство

график раб. своб. (Seite 176)
график работы свободный

груз. а/м (Seite 176)
грузовой автомобиль (LKW)

дн. (Seite 172)
дней

жен., прож. (Seite 176)
женщина, проживающая

зам. (Seite 174)
заместитель

ЗАО (Seite 193)
Акционерное общество закрытого типа (Aktien sind nur einem eng bestimmten Aktionärskreis zugänglich)

ЗИЛ (Seite 93)
Завод им. Лихачева (Москва)

знан. ПК (Seite 176)
знание персонального компьютера

КамАЗ (Seite 94)
Камский автомобильный завод

КП (Seite 93)
Кооперативное предприятие

ЛТД (Seite 176)
Ltd. (engl.)

МАЗ (Seite 93/94)
Минский автомобильный завод

МГФ (Seite 53)
Московская государственная филармония

ММВБ (Seite 97)
Московская международная валютная биржа

МП (Seite 176)
малое предприятие

МТЗ (Seite 93/94)
Минский тракторный завод

о. (Seite 172)
остров

обуч. беспл. (Seite 176)
обучение бесплатное

п/р (Seite53, 59)
под руководством

РЖД
Российская железная дорога

рем. а/м (Seite 176)
ремонт автомобилей

р-н
район

СКВ (Seite 139)
свободно конвертируемая валюта

СП (Seite 174)
совместное предприятие

сутки ч/трое (Seite 176)
сутки через трое (Arbeit jeden dritten Tag)

Ф/ап. (Seite 93)
фотоаппарат

ч/б (Seite 97)
черно-белый

5 Старт 1 und 2

Die beiden **Старт**-Lektionen unterscheiden sich von der Struktur der übrigen Lektionen, da für die Lernenden erfahrungsgemäß das Vertrautmachen mit der kyrillischen Schrift in der Anfangsphase alles andere überwiegt. Wir haben daher hier auf die Aufteilung in Lehr- und Arbeitsbuch verzichtet. Das Arbeitsbuch setzt mit Lektion 1 ein.

Wir haben bewusst darauf verzichtet, Schreibvorlagen in das Lehr- oder Arbeitsbuch aufzunehmen. Eine Schreibvorlage kann nur in seltenen Fällen eindeutig den Schreibduktus und die richtige Buchstabenverbindung zeigen. Nach unserer Erfahrung kann dies effizient und ökonomisch nur bei gemeinsamem Schreiben sowie beim Verbessern und Besprechen von Geschriebenem erfolgen. Ich muss gestehen, dass ich außerdem nur ungern auf das Erlebnis verzichte, die Freude und Motivation der Lernenden in diesem Anfangsstadium zu beobachten.

Da nach der Konzeption von **Проекты** auch in den beiden **Старт**-Lektionen der mündlichen Sprachverwendung ein zentraler Platz zukommt, vollzieht sich das Erlernen der kyrillischen Schrift anhand von Aufschriften parallel zu oder neben der Entwicklung der mündlichen Fertigkeiten. Die Einführung der Schrift in **Старт 1** anhand der Übungen des Teils Б und der Schreibübungen B2 und B4 unterbrechen die kommunikativen Blöcke A2, A3, B1, B3, B5, Г1 und Г2, um im Übungsteil nach der Grammatik (Seite 13 und 14) zusammengeführt zu werden. Für **Старт 1** können Sie ungefähr drei, für **Старт 2** etwa vier Doppelstunden veranschlagen. Für den Fall, dass Sie Schreibvor-

12

lagen an Ihre Lernenden ausgeben möchten, finden Sie alle im Lehrbuch abgedruckten Aufschriften sowie die Schreibübungen auf den Seiten 13 und 14 dieses Lehrerhandbuchs.

Die Einführung der kyrillischen Buchstaben erfolgt in folgender Reihenfolge:

Старт 1
Б1: М, О, С, К, В, А, Э, Р, П, Т, Б, Н (12)
Б3: И, У, Е, Л, Д, Ж, Г, З (8)
Б5: Ц, Я, Й, Ш (4)
Старт 2
А1: Х, Ы, Ю, Ф, Ъ (5)
А3: Ч, Ь, Ё, Щ (4)

Москва, аэропорт, касса, банк, бар, стоп!

Интурист, ресторан, туалет, медпункт, киоск, журнал, газета, город, такси, автобус.

Это Москва, аэропорт. Вот банк, вот бар. Там касса.

Театр, милиция, метро, проспект, музей, парк, магазин, школа.

Кинотеатр, стадион, улица,

гостиница, институт, спорт,

трамвай.

Вход, выход, бюро, администра-

тор, регистратура, лифт,

ресторан, телефон, буфет,

киоск, объявление.

Александр Сергеевич Пушкин

Николай Васильевич Гоголь

Михаил Юрьевич Лермонтов

Иван Сергеевич Тургенев

Фёдор Михайлович Достоевский

Михаил Евграфович Салтыков-

Щедрин

Лев Николаевич Толстой

6 Hinweise zu den Lektionen

Старт 1
Здравствуйте!

8

A 2

- Здравствуйте. Меня зовут Анатолий Бердичевский.
- Здравствуйте, господин Бердичевский. Меня зовут Харальд Лоос.
- Очень рад, господин Лоос.

- Здравствуйте. Меня зовут Габи Бауэр.
- Здравствуйте, госпожа Бауэр. Меня зовут Александр Смирнов.
- Очень рада, господин Смирнов.

Старт 2
Добро пожаловать!

23

Übung 3

1. Это Кремль.
2. Это Кремль?
3. Большой театр справа.
4. Гостиница «Москва» большая?
5. Это «Золотое кольцо»?
6. Слева суздальский Кремль.
7. Этот собор тоже музей?
8. Невский проспект в Москве?

Урок 1
Это мы!

1 Grammatik

> **A** Verb: e-Konjugation, жить; Substantiv: Präp. Sg.; Possesssivpronomen
>
> **Б** Substantiv: Fremdwörter; Adjektiv, Pronomen: Präp. Sg.;
>
> **В** Substantiv, Adjektiv, Pronomen: Akk. Sg.; Verb: был, была́, ...

A1

2 Folie 1 (Seite 37)

3 Folie 2 (Seite 37) Б1

4 Folie 3 (Seite 38) В1

5 Übung 3 34

- Ирина Васильевна, вы работаете в больнице. А ваш муж Александр Васильевич?
- Он профессор, работает в университете.
- Здесь в городе?
- Да, здесь в Москве.
- А работа интересная?
- Думаю, очень.
- У вас ещё есть сын?
- Да, сын и дочь. Андрей – студент университета, а Соня уже работает на небольшой фирме.
- Здесь в городе?
- Да, здесь в Москве.
- Ирина Васильевна, а что вы обычно делаете вечером.
- Муж обычно дома, а я вечером иногда работаю. Андрей ещё в институте, а Соня дома. Когда все дома, мы вместе ужинаем. А потом мы обычно отдыхаем. Я часто слушаю музыку и читаю медицинский журнал. Муж читает педагогическую литературу. А вчера мы были в театре.

6 Kärtchen: Wir machen uns bekannt!

Jeder Lernende erhält ein Kärtchen. *1. Schritt:* Zweiergruppe (A, B): Gegenseitiges Kennenlernen (Grundlage: Анкета), Notieren der Grunddaten des Partners.

Анкета
Name:
_____
Wohnort:
_____
Arbeit:
_____
Abendbeschäftigung:
_____

2. Schritt: Zwei Zweiergruppen, in der 1. Zweiergruppe stellt A Student/in B vor, B Student/in A.
Aus der 2. Zweiergruppe sind zu jedem der vier
Punkte der Анкета noch eine Ergänzungsfrage zu
stellen. Dann stellt sich die zweite Gruppe der
ersten in derselben Form vor.

Fragen

A: Как ваша / твоя фамилия?

Б: ...

A: Где вы живёте?

Б: ...

A: А где вы работаете?

Б: ...

A: Что вы обычно делаете вечером?

Б: ...

Muster

Это госпожа ... / господин ... Она / он живёт в
... и работает в / на ... Вечером она / он обычно
читает или слушает музыку.

Ergänzungsfragen

Это большой / красивый город?

Ваша работа интересная?

Что вы обычно читаете?

Какую музыку вы слушаете?

Урок 2
Первые встречи

1   Grammatik

A	Verb: и-Konjugation; Substantiv: Präp. Sg. auf -ии; Bildung des Adverbs
Б	Substantiv, Adjektiv, Pronomen: Nom., Akk. (unbelebt) Pl.
В	keine

A1   **2   Folie 4** (Seite 39)

B1   **3   Folie 5** (Seite 40)

37   **4   B 3**

Соня, как вы, наверно, ещё помните, студент-
ка. Изучает английский язык на филологическом факультете, уже на втором курсе.
Василий говорит, что она очень хорошо говорит по-английски: очень много читает, особен-

но любит литературу. Поэтому она, наверно,
так хорошо говорит по-английски. Она уже
была на Западе, в Вене.

Андрей тоже студент. Он в политехническом
институте на втором курсе. Сейчас в политехническом институте, как и на филологическом
факультете, большой конкурс. Он изучает
немецкий, но он ещё плохо говорит и понима-
ет по-немецки. Но очень любит математику и
историю.

5   B 1: Rollenspiel

Situation: Jürgen unterhält sich mit seiner russischen Bekannten Лéна über ihren Bruder Волóдя.

Карточка A: Jürgen

Situation: Sie unterhalten sich mit Ihrer russischen Bekannten Лéна über ihren Bruder
Волóдя. Sie wollen von Лéна folgendes wissen:

1. Wie es Волóдя geht?
2. Ob er noch an der Wirtschaftsfakultät studiert?
3. In welchem Studienjahr?
4. Was ihn besonders interessiert?
5. Welche Sprachen er lernt?
6. Ob er schon in England oder Amerika
   (Амéрика) war?

Карточка Б: Лéна

Situation: Sie unterhalten sich mit Ihrem
Bekannten Jürgen über Ihren Bruder Волóдя.
Wolódjas Daten:

Ваш брат Волóдя – студéнт, он на вторóм
кýрсе. Он изучáет эконóмику в Москвé. Он
осóбенно лю́бит матемáтику и статúстику.
Он изучáет англúйский язы́к. Он ещё нé был
в Амéрике и в Áнглии. Он óчень хорошó
говорúт по-англúйски, потомý что он мнóго
читáет. Кóнкурс был óчень большóй.

6   Übung 4

-   Добрый день. Меня зовут Виктор Кора-
    блёв. Я корреспондент газеты «Комсо-
    мольская правда».

- Очень рада. Меня зовут Рита Веденикина. Я очень люблю вашу газету и читаю её каждый день.
- Рад это слышать. Рита, скажите, пожалуйста, вы учитесь или работаете?
- Я учусь на филологическом факультете Московского университета.
- А на каком курсе?
- Уже на пятом. Это, к сожалению, последний курс.
- Вы любите изучать языки?
- Да, очень. Я изучаю немецкий и английский языки. Но особенно мне нравится немецкий язык и литература.
- Вы много читаете на немецком языке?
- Да, и сейчас я готовлю дипломную работу о Гюнтере Грассе.
- Вы уже были за границей?
- Да, в сентябре в Берлине и в мае в Вене. У нас была практика.
- Рита, большое спасибо за интервью и успехов вам на дипломных экзаменах.

Урок 3
В Москве

1 Grammatik

А	»haben«
Б	Verb: идти; в, на + Akk; »man«
В	keine
Г	Substantiv, Adjektiv, Pronomen: Gen. Sg; »nicht haben«; »nicht vorhanden sein«; Verb: буду; Übungsteil nach Г: belebt – unbelebt im Akk.

A1 **2 Folie 6** (Seite 41)

Б1 **3 Folie 7** (Seite 41)

Г1 **4 Folien 8 und 9** (Seite 42 und 43)

48 **5 Übung 5: Modifizierung des Dialogs**

Ein Gesprächspartner ist besonders liebenswürdig und überschwenglich. Er verwendet in jeder Replik einen Ausdruck, der seine Liebenswürdigkeit und Begeisterung signalisiert. Diese Übertrie-

---

benheit sollte auch in der Intonation zum Ausdruck kommen.

Пра́вда?!	Да что́ вы говори́те!!
Действи́тельно?!	Прекра́сно!
Отли́чно!	О́чень интере́сно!

49

6 Übung 10

- Борис! Какой сюрприз.
- Валерий! Какая встреча! Это действительно ты? Значит, ты сейчас в Москве?
- Да, я в командировке. А сейчас иду в библиотеку. Познакомься: это моя жена Наташа.
- Очень рад, Наташа.
- Я тоже.
- Валерий, мы сегодня вечером дома. Приходите. Будем очень рады увидеть тебя и Наташу.
- Спасибо большое. Но, к сожалению, сегодня вечером будем в Большом театре.
- В Большом театре? Это, конечно, тоже хорошо. Ничего. Приходите в другой день, хорошо?
- Хорошо.
- Тогда всего доброго!
- До свидания.

7 Wortschatz: Assoziationen

Was assoziieren Sie mit diesen Ausdrücken?

пого́да
До́брый день!
Всего́ до́брого!
совреме́нный
куда́
к сожале́нию

Mögliche Assoziationen
1. плохая / хорошая погода
2. Здравствуйте! До свидания!
3. До свидания!
4. новый; старый
5. домой; где
6. жаль

8 Wortschatz: Wie viele Ihnen schon bekannte Wörter sind darin versteckt?

П	А	П	А	М	Я	Т	Н	И	К	О	Г	Д	А

(папа, а, памятник, я, и, когда, да)

З	А	В	Т	Р	А	Б	О	Т	А	М

(за, завтра, а, работа, там)

Урок 4
Музыкальный вечер

1 Grammatik

> **А** Zahlwörter und Uhrzeit; Verb: начинаться
> **Б** Substantiv, Adjektiv, Pronomen: Dat. Sg.
> **В** Verb: ходить – идти

[A1]

2 Folie 10 (Seite 43)

3 A 3: Rollenspiel

Situation: Ein/e Tourist/in will am Sonntag ins Большо́й теа́тр gehen.

> **Карточка А: Турист**
> Sie, der/die Tourist/in, wollen am Sonntag ins Большо́й теа́тр gehen. Daher rufen Sie am Montag dort an, um eine Karte zu bestellen. Sollte es für Sonntag keine Karten mehr geben, wäre für Sie auch der Samstag möglich.

> **Карточка Б: Касси́р в Большо́м теа́тре**
> Sie haben nur noch für morgen und Samstag Karten. (Heute ist Montag.)

[51]

4 Б 2

- Алло.
- Здравствуйте, господин Вегер. Это Алексе́й Соколо́в.

- Добрый день, Алексей.
- Господин Вегер, завтра утром я буду у врача. Поэтому буду в редакции только после обеда.
- Значит, наша встре́ча будет не в 10 часов, а только после обеда. А когда именно, Алексей?
- В два часа́. Хорошо?
- Хорошо, в два часа́. До свидания.
- До свидания.

5 Folie 11 (Seite 44)   [В4]

6 AB, Übung 9   [19]

Во время антракта господин Вегер встречает Нину Сергеевну и ее мужа Алексея Петровича.
Алексей Петрович говорит, что он очень любит классическую музыку, но, к сожалению, редко ходит на концерты.
Нина Сергеевна очень любит Мусоргского.
Господин Вегер его тоже очень любит.

7 Folie 12: Briefanschrift
(Zusatzübung, Seite 45)

Урок 5
Повторение – мать учения

1 Übung 7   [58]

Сегодня в театрах:

Большой театр:
премьера оперы Верди «Аида».
Кремлёвский дворец съездов:
концерт ансамбля «Берёзка».
Большой зал консерватории:
гастроли венского симфонического оркестра «Ди Винер Симфоникер».
Концертный зал имени Чайковского:
концерт солистов Большого театра.

Малый театр: пьеса Гоголя «Ревизор».
МХАТ: пьеса Чехова «Три сестры».
Театр на Таганке:
премьера драмы Пушкина «Борис Годунов».
Театр имени Ермо́ловой: Шекспир «Макбет».

2 AB, Übung 6

1. - Алло.
   - Добрый вечер, господин Бартак. Это Ольга.
2. - Госпожа Мюллер, познакомьтесь, пожалуйста, это наш главный редактор.
3. - Господин Хандлер, вы уже были в Москве?
4. - Добрый день, госпожа Маутнер. Очень рад вас видеть.
5. - У вас нет лишнего билета?
6. - Вы часто ходите на концерты?
7. - Вам нравится Мусоргский?
8. - К сожалению, моего мужа нет дома.

Урок 6
Приглашаем в гости

1 Grammatik

> **A** Zahlwörter bis 100; Verb: ехать
> **Б** «с пересадкой» (Substantiv: Instr. Sg.); Uhrzeit
> **B** Substantiv, Adjektiv, Pronomen: Instr. Sg.

A2   **2 Folien 13 und 14** (Seite 46 und 47)

B1   **3 Folie 15** (Seite 48)

63   **4 Übung 3**

Точное время:
21 час 30 минут 10 секунд
21 час 37 минут 40 секунд
21 час 47 минут 50 секунд
21 час 52 (две) минуты 10 секунд
21 час 57 минут 50 секунд

B2   **5 Folie 16** (Seite 49)

68   **6 Übung 5**

Мы сейчас в квартире известного композитора. Вечером семья обычно дома. Сегодня тоже: вся семья в большой комнате, это одновременно и кабинет композитора. Окна комнаты смотрят в сад, справа балкон, слева стоит пианино. Все мы ждем Владимира Ивановича. Мы знакомимся с его женой Тамарой Сергеевной.

- Тамара Сергеевна, скажите, пожалуйста, все у вас в семье любят музыку?
- Да, конечно.
- У вас есть любимый композитор?
- Да, мой муж. Но я очень люблю и Чайковского.
- А ваши дети?
- У нас все любят музыку. Например наш сын: он студент, сам немного играет на пианино, но он часто ходит на концерты эстрадной музыки. А наша дочь еще ходит в школу. Она очень хорошо играет на пианино и на гитаре. Ее любимые композиторы – Моцарт и Рахманинов. Она играет два, три часа в день. А вот и мой муж. Познакомьтесь, пожалуйста!

7 AB, Übung 11 (Lösung)

По телефону Валентина приглашает Ютту Штейнер в гости. Сегодня вечером у Валентины будут и Соня и Лена, хорошие знакомые Ютты. Валентина живет недалеко от станции метро «Проспект Вернадского». Ютта Штейнер будет у Валентины в 5 часов.

8 Wortschatz: Wie viele Wörter finden Sie?

| с о м у ж е н а б а р т с е м я с |
| м а с е с т а р с ы н и д о ч ь м а |
| с е с т р а н ы с б р а т м а т е р |
| о с е м ь я с е с т р б а т о т а л |
| с е м а т ь о т е о т е ц ж е р ы н |

(муж, жена, сын, дочь, сестра, брат, семья, мать, отец)

Урок 7
В городе

1 Grammatik

> **A** Verben der Fortbewegung; fahren mit; «станция»: Gen. Pl.
> **Б** Verb.: Imperativ (1. Teil)
> **B** Ordnungszahlwörter (1. bis 10.); Übungsteil nach Grammatik: Systematisierung – Rektion der Zahlwörter; Substantiv: Systematisierung – Gen. Pl. (1. Teil)

A1	**2 Folie 17** (Seite 50)
A2	**3 Folie 18** (Seite 50)

72 **4 Übung 4**

Осторожно, двери закрываются! Следующая станция «Кантемировская». / «Каширская». / «Коломенская». / «Автозаводская». / «Павелецкая». / «Новокузнецкая». / «Театральная». / «Тверская». / «Маяковская». / «Белорусская».

73 **5 Übung 2**

В Москве утром 18-20 градусов, днём 25.
В Санкт-Петербурге утром 17-19 градусов, днём 20-22.
В Новосибирске утром 10-12 градусов, днем 15-17.
В Якутске 4-6 градуса, днем 13-15.
В Мурманске утром 5-7 градусов, днем 12-14.
Во Владивостоке утром 12-15 градусов, днем 18-20.
В Ялте утром 20-24 градуса, днем 27-29.

30 **6 AB, Übung 10**

1. Это недалеко. Идите сначала прямо. Потом поверните на вторую улицу налево. Третий или второй дом справа – музей.
2. Сейчас там 12 градусов.
3. Мы живём на шестом этаже.
4. Нет, сделайте пересадку на станции «Парк культуры».
5. Вторая дверь слева.

76 **7 Übung 5**

1. Сегодня в Политехническом музее состоится презентация новой книги известного экономиста Владислава Заславского «Бизнес и политика». Начало в 17 часов. Адрес музея: Новая площадь, дом 1. Проезд: Метро до станции «Лубянка» или «Китай-город».

2. Сегодня в Большом театре премьера: опера Моцарта «Свадьба Фигаро». Начало спектакля в 19 часов. Касса театра: Театральная площадь, дом 1. Проезд: метро до станции «Театральная» или «Охотный ряд».

Урок 8
Дела, дела …

1 Grammatik

A Verb: «хотеть»; Substantiv, Adjektiv: Gen. Pl. (2. Teil)
Б Zahlwörter (bis 1000); Verb: Verbalaspekt
В Verb: Verbalaspekt (пойду); Übungsteil nach Grammatikzusammenfassung: Systematisierung der Grammatik in AB-Übungen

2 Folien 19 und 20 (Seite 51 und 52)	A1
3 Folie 21 (Seite 52)	Б1
4 Folie 22 (Seite 53)	Б4
5 Folie 23 (Seite 53)	Б5

6 Interview-Kärtchen

Sammeln Sie die Telefonnummern Ihrer Gruppenmitglieder und tauschen Sie sie dann mit den anderen Gruppen aus. (In Gruppen zu viert/fünft.)

фамилия, имя
_____
_____
_____
_____

телефон
_____
_____
_____
_____

7 AB, Übung 18   **34**

- Алло!
- Добрый день! Пётр Петро́вич?
- Нет, а куда вы звоните?

- Я звоню в редакцию.
- Да, это редакция. Но здесь нет Петра́ Петро́вича. Звоните 263-82-94.

8 Wortschatz: Assoziationen

рад

_____

бесе́да

_____

что́-нибудь

_____

у вас случа́йно нет

_____

пое́здка

_____

запиши́те

_____

встре́титься

_____

Mögliche Assoziationen

рад	вас видеть
бесе́да	разговор
что́-нибудь	ей / ему передать?
у вас случа́йно нет	ее / его телефона?
пое́здка	ездить; по́езд
запиши́те	телефон!
встре́титься	с Александром

9 Wortschatz: Welche Wörter finden Sie?

Х О Ч Е Т Ы Р Е С Т О Р А Н Т О Н

(хочет, четыре, ресторан, сто, а, Антон, он)

10 Verdoppeln Sie.

два	четыре, восемь, шестнадцать, три-дцать два, шестьдесят четыре, сто двадцать восемь, …
три	шесть, двенадцать, двадцать четыре, …
пять	десять, …

---

1 Grammatik

А	Zahlwörter (Größenordnung: mehrere Tausend)
Б	Substantiv, Adjektiv, Pronomen: Dat. Pl.
В	keine
Г	Verb auf -овать; Substantiv, Adjektiv, Pronomen: Instr. Pl.; Adjektiv: Superlativ
Д	Verb: находиться, Prät.; Substantiv, Adjektiv, Pronomen: Präp. Pl.

2 Б 3

87

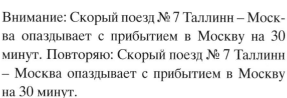

Внимание: Николаев Сергей Петрович, подойдите к справочному бюро. Повторяю: Николаев Сергей Петрович, подойдите к справочному бюро.

Внимание: Скорый поезд № 7 Таллинн – Москва опаздывает с прибытием в Москву на 30 минут. Повторяю: Скорый поезд № 7 Таллинн – Москва опаздывает с прибытием в Москву на 30 минут.

Внимание: Начинается посадка на скорый поезд № 5 «Москва – Санкт-Петербург». Отправление в 10 часов 00 минут от шестой платформы. Повторяю: Начинается посадка на скорый поезд № 5 «Москва – Санкт-Петербург». Отправление в 10 часов 00 минут от шестой платформы.

Внимание: Митрофанова Ольга Даниловна, подойдите к справочному бюро. Повторяю: Митрофанова Ольга Даниловна, подойдите к справочному бюро.

Внимание: Начинается посадка на скорый поезд № 8 «Москва – Таллинн». Отправление в 10 часов 10 минут от четвёртой платформы. Повторяю: Начинается посадка на скорый поезд № 8 «Москва – Таллинн». Отправление в 10 часов 10 минут от четвёртой платформы.

3 Folien 24 und 25 (Seite 54)

Г1

4 Übung 2

93

Внимание! Электропоезд до Пушкина будет отправляться с четвёртой платформы.

Внимание! До отправления скорого поезда «Санкт-Петербург – Хельсинки» осталось пять минут. Пассажиров просят занять места!

Внимание! Начинается посадка на скорый поезд № 2 «Санкт-Петербург – Москва». Отправление поезда в 0 часов 10 минут от третьей платформы.

5 Interview-Kärtchen

Biographie
Name
Alter
Familienstand
Kinder
Eltern
Geschwister
Schulbildung (wann, welche Schulen)
Arbeit (welche Firma, groß/klein, seit wann)

Mögliche sprachliche Schwierigkeiten

Alter:	noch nicht gelernt, neu: Сколько вам / тебе лет? (Zahlwörter bis 100 schon bekannt)
Familienstand:	У вас есть семья? (Нет, я один / одна; я живу дома.)
Eltern:	отец и мать; родители (erst 14. L.)
Geschwister:	брат и сестра

Урок 10
Повторение – мать учения

1 Übung 8

Австрийской фирме «Вест-Альпине» требуются квартиры в центре Москве. Справки по телефону 253 14 78.

Сегодня в Политехническом музее состоится лекция «Бизнес в России». Лекцию читает доктор экономических наук, профессор Соловьёв. Начало в 18 часов. Проезд: метро до станции «Лубянка» или «Китай-город».

Завтра в Большом театре состоится премьера оперы Глинки »Жизнь за царя«. Билеты в кассе театра по адресу: Театральная площадь, д. 1.

2 Übung 9

Внимание! Совершил посадку самолёт, прибывший рейсом 1261 из Санкт-Петербурга. Повторяю: Совершил посадку самолёт, прибывший рейсом 1261 из Санкт-Петербурга.

Внимание! Начинается регистрация и оформление багажа пассажиров, вылетающих рейсом 688 до Петрозаводска. Повторяю: Начинается регистрация и оформление багажа пассажиров, вылетающих рейсом 688 до Петрозаводска.

Внимание! Пассажир Галактионов, прибывший из Мурманска, Вас ожидают у справочного бюро в центре зала. Повторяю: Пассажир Галактионов, прибывший из Мурманска, Вас ожидают у справочного бюро в центре зала.

3 Übung 10

Осторожно, двери закрываются. Следующая станция «Чистые пруды». Переход на станцию «Тургеневская».

Поезд следует до станции «Университет».

Станция «Университет». Поезд дальше не пойдёт, просьба освободить вагоны.

4 Übung 11

В Москве утром 16-18 градусов, днём 23.
В Санкт-Петербурге утром 15-17 градусов, днём 18 – 20.

В Новосибирске утром 8-10 градусов, днем 13-15.

В Якутске 3-5 градуса, днем 11-13.

В Мурманске утром 2-4 градуса, днем 9-11.

Во Владивостоке утром 10-12 градусов, днем 16-18.

В Ялте утром 19-23 градуса, днем 26-28.

5 Übung 17: Кроссворд

(Lösung: Октябрьская революция)

6 AB, Übung 5

- Алло!
- Добрый день! Пётр Николаевич?
- Нет, а куда вы звоните?
- Я звоню в редакцию.
- Да, это редакция. Но здесь нет Петра Николаевич. Звоните 263-82-94.

7 Folie 26 (Seite 55)

8 Wortschatz: Zusammenstellung der bisher gelernten Präpositionen.

Gen.:	без, во время, для, до, из, от, у
Dat.:	к
Akk.:	в, за, на
Instr.:	за, перед, рядом с (со), с (со)
Präp.:	в (во), на

Die noch zu lernenden Präpositionen:

13.L.: по, через 3 дня; 14.L.: за, по 3 часа, при; 16.L.: около; 17.L.: вокруг; 19.L.: через 3 дня, 3 дня назад; Р 1: с + Gen.; Р 3: от имени

Урок 11
В гостинице

1 Grammatik

A Verb: Zusammenfassung der Imperativbildung

Б Zahlwörter: Gen.; Verb: Aspekt im Präteritum (1. Beispiel in Б2: «Я правильно вас понял?»)

Г Verb: Aspekt, reflexives Verb im Präteritum

2 Folie 27 (Seite 56)

3 Folie 28 (Seite 56)

4 Interview-Kärtchen

Situation: Ein Gast kommt ins Hotel und will das vorbestellte Zimmer beziehen.

Карточка А: Hotelgast

Situation: Sie kommen ins Hotel und wollen das vorbestellte Zimmer beziehen.

Sie grüßen, stellen sich vor und wollen das vorbestellte Zimmer beziehen. Es interessiert Sie, in welchem Stockwerk sich das Zimmer befindet. Des weiteren möchten Sie wissen, wann und wo Sie zu Abend essen können. Ihre letzte Frage ist, ob es im Hotel E-mail (электронная почта) gibt.

Карточка Б: Empfangspersonal

Situation: Ein Gast kommt ins Hotel und will das vorbestellte Zimmer beziehen. Daten, die für Sie nützlich sein könnten:

- Vorbestelltes Zimmer: 623, 6. Stock
- Restaurant: abends 18-23 Uhr, 2. Stock
- Bar: 21-2 Uhr, 12. Stock
- Büfett: 6-23 Uhr, 1. Stock
- Post: neben der Rezeption, 8-20 Uhr
- E-mail (электронная почта) an der Rezeption.

---

5 Folie 29 (Seite 57)

6 Folie 30 (Seite 57)

7 Übung 6

1. Внимание! Поезд № 1 «Москва – Санкт-Петербург» прибыл ко второй платформе. Повторяю: Поезд № 1 «Москва – Санкт-Петербург» прибыл ко второй платформе.

2. Уважаемые пассажиры! Стоянка такси находится на площади у выхода с третьей платформы. Повторяю: Стоянка такси находится на площади у выхода с третьей платформы.

3. Внимание! Дежурный по станции, зайдите к начальнику вокзала. Повторяю: Дежурный по станции, зайдите к начальнику вокзала.

4. Внимание! Поезд № 6 «Лев Толстой» Москва – Хельсинки прибывает к третьей платформе. Повторяю: Поезд № 6 «Лев Толстой» Москва – Хельсинки прибывает к третьей платформе.

5. Внимание! Представителя «Интуриста» просят подойти к справочному бюро в центральном зале вокзала. Повторяю: Представителя «Интуриста» просят подойти к справочному бюро в центральном зале вокзала.

6. Уважаемые пассажиры! До отправления скорого поезда № 2 «Красная стрела» Санкт-Петербург – Москва остаётся пять минут. Пассажиров просят занять свои места. Повторяю: До отправления скорого поезда № 2 «Красная стрела» Санкт-Петербург – Москва остаётся пять минут. Пассажиров просят занять свои места.

Урок 12
В Северной Венеции

1 Grammatik

A Verb: Verbalaspekt im Präteritum, Bildung der Verbalaspekte; Substantiv: Deklination der Familiennamen; Pronomen: Deklination des Personalpronomens

Б Verb: Verbalaspekt im Präteritum, Bildung der Verbalaspekte

В Reflexives Possessivpronomen «свой»: Deklination

A1 **2 Folie 31** (Seite 58)

A6 **3 Folie 32** (Seite 59)

Б1 **4 Folie 33** (Seite 60)

117 **5 Folie 34** (Seite 60)

---

6 Interview-Kärtchen

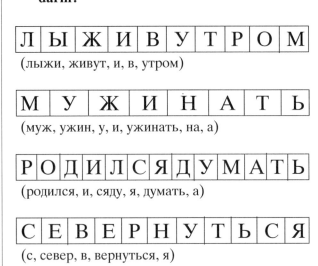

Freizeitbeschäftigung

Liebste Freizeitbeschäftigung

_____

Zweitliebste Freizeitbeschäftigung

_____

Zeitumfang (wie oft, wann)

_____

_____

Wo ausgeübt?

_____

_____

Mit wem ausgeübt?

_____

Teuer?

_____

Mögliche sprachliche Schwierigkeiten

Freizeitbeschäftigung: Что вы любите делать в свободное время? А что ещё? («заниматься» erst später)

Mit wem ausgeübt? С кем вы любите проводить свободное время? С кем вы любите отдыхать?

7 Wortschatz: Welche Wörter erkennen Sie darin?

| Л | Ы | Ж | И | В | У | Т | Р | О | М |

(лыжи, живут, и, в, утром)

| М | У | Ж | И | Н | А | Т | Ь |

(муж, ужин, у, и, ужинать, на, а)

| Р | О | Д | И | Л | С | Я | Д | У | М | А | Т | Ь |

(родился, и, сяду, я, думать, а)

| С | Е | В | Е | Р | Н | У | Т | Ь | С | Я |

(с, север, в, вернуться, я)

Урок 13
Город Белых ночей

1 Grammatik

А	Verb: Verbalaspekt im Infinitiv; «много, мало, сколько» + Gen.
Б	Verb: Verbalaspekt im Infinitiv; Zeitangabe: »in einer Stunde«
В	»heißen« (AB 15); AB 13 – Substantiv: Gen. Pl. mit o/e-Einschub

A1

2 Folien 35, 36 und 37 (Seite 61, 62 und 63)

Б1

3 Folie 38 (Seite 63)

123

4 В 2

Добрый день, уважаемые гости,
   дамы и господа!

Нашу экскурсию по Санкт-Петербургу мы начинаем здесь, на набережной реки Невы. Вы, наверное, знаете, что наш город основал царь Петр Первый в 1703 году. Город называют Северной Венецией, так как он расположен на 101 острове. Здесь более шестидесяти рек и каналов. Самый большой остров – «Васильевский», который вы видите слева.

Справа от нас Зимний дворец, слева – Петропавловская крепость. Она находится на маленьком острове. В Зимнем дворце находится самый известный музей города – Эрмитаж, где вы увидите прекрасные образцы искусства всех стран и эпох.

Санкт-Петербург – один из самых красивых городов мира, город «Белых ночей». Так называются самые светлые ночи в мае-июне. В это время в Санкт-Петербурге проводят музыкальный фестиваль «Белые ночи». В белые ночи интересно погулять по набережным и посмотреть, как разводятся мосты. Это хорошо видно, если стоять здесь у Зимнего дворца.

А сейчас мы едем по главной улице города, по Невскому проспекту.

Справа вы видите Казанский собор, памятник архитектуры 19 века. Справа и слева расположены магазины и учреждения и прекрасные дворцы. Самый большой магазин города – вы видите его справа – Гостинный Двор. Здесь вы можете купить всё: от детской игрушки до мебели.

5 Folie 39 (Seite 63)

6 Übung 4

1. Уважаемые гости!
   Приглашаем вас посетить музей-усадьбу Льва Николаевича Толстого в Ясной Поляне. Здесь родился и жил великий русский писатель. В Ясной Поляне он написал свои самые известные романы «Война и мир» и «Анна Каренина». Экскурсия состоится в субботу. Отъезд от гостиницы в 7 часов утра.

2. Уважаемые гости!
   В воскресенье состоится экскурсия в Сергиев Посад (бывший Загорск). Это – старинный русский город. Там находится художественный музей-заповедник, где имеются архитектурные ансамбли 15-18 веков. Здесь также находится музей игрушки. Отъезд от гостиницы в 9 часов утра.

3. Дорогие гости!
   Приглашаем вас на экскурсию в подмосковный город Клин, где находится дом-музей великого русского композитора Петра́ Ильича́ Чайковского. Здесь он жил в 1892/93 годах. В доме-музее сохранена мебель и рояль композитора. Сбор в холле гостиницы в 10 часов утра.

7 Interview-Kärtchen

Mögliche sprachliche Schwierigkeiten

Gegend:	Там, где вы живёте, находятся только жилые дома? Там, где вы живёте, люди только живут? Или там есть и заводы, фирмы?
Infrastruktur:	У вас в районе много магазинов? Это большие магазины/универмаги? От вас далеко до поезда, автобуса, трамвая, метро?
Aussicht:	Куда выходят окна вашей квартиры?
Grünanlage:	Там, где вы живёте, много парков, садов, зе́лени?

Wohnung/Haus

Wo

_____

Gegend (Wohngegend/Industrie)

_____

_____

Infrastruktur (Geschäfte, öffentlicher Verkehr, Besonderheiten)

_____

_____

_____

Wohnung/Haus (groß/klein, welche Räume, Aussicht, Stockwerk, Lift, laut/ruhig, ...)

_____

_____

_____

_____

Straße (groß, laut)

_____

Grünanlage

_____

Zufriedenheit

_____

Урок 14
Приятные встречи

1 Grammatik

A   Zahlwörter: ungefähre Mengenangabe
Б   «работать кем»; »müssen«; Ordnungszahl-
     wörter; »brauchen« (AB 6, 11, 12); «стать
     кем» (AB 8)
B   Systematisierung: Verbalaspekt («констата-
     ция факта»)
     AB 17 – Systematisierung: за

Б1   **2 Folie 40** (Seite 64)

Б3 **3 Folie 41** (Seite 65)

130 **4 B 1**

Добрый день! С вами говорит автоответчик Мариинского театра. Сегодня в нашем театре балет Адама «Жизель». Начало спектакля в 19 часов. Билеты можно приобрести в кассе театра или заказать по телефону: 146-32-18.

B3 **5 Folie 42** (Seite 66)

B5 **6 Folie 43** (Seite 66)

53 **7 AB, Übung 13**

г-н Вернер и г-н Хофер: 284
г-жа Бартель: 333
Светлáна Сергéевна и Антонúна Владúмировна: 619

137 **8 Übung 6**

Уважаемые зрители. Сегодня в нашем кинотеатре «Россия» вы сможете посмотреть художественный фильм «Россия молодая». Производство киностудии «Мосфильм».
Сеансы в одиннадцать, тринадцать, пятнадцать, семнадцать, девятнадцать и двадцать один час. Билеты можно заказать по телефону 921-46-17.

Урок 15
Повторение – мать учения

138 **1 Übung 12**

Внимание! Совершил посадку самолет, прибывший рейсом 46 из Москвы. Повторяю: Совершил посадку самолет, прибывший рейсом 46 из Москвы.

Внимание! Начинается регистрация и оформление багажа пассажиров, вылетающих рейсом авиакомпании Люфтганза в Гамбург. Повторяю: Начинается регистрация и оформление багажа пассажиров, вылетающих рейсом авиакомпании Люфтганза в Гамбург.

Внимание! Совершил посадку самолет Аэрофлота, прибывающий рейсом 161 из Вены.

Повторяю: Совершил посадку самолет Аэрофлота, прибывающий рейсом 161 из Вены.

Внимание! Вылет рейса 1244 в Мурманск задерживается неприбытием самолета. Повторяю: Вылет рейса 1244 в Мурманск задерживается неприбытием самолета.

Внимание! Начинается регистрация и оформление багажа пассажиров, вылетающих рейсом 162 в Дрезден. Повторяю: Начинается регистрация и оформление багажа пассажиров, вылетающих рейсом 162 в Дрезден.

| 138 |

2 Übung 13

Сейчас в С.-Петербурге 20 градусов, давление 749 мм, влажность 59 процентов. Завтра ожидается переменная облачность, ветер западный, постепенное понижение температуры до 11-13 градусов, дождь.
В последующие двое суток характер погоды существенно не изменится.

| 138 |

3 Übung 14

Катя 383 76 67
Ермако́вы 254 19 12
Смирно́вы 419 99 09
Володя 713 30 12
Лариса Сергеевна 618 83 64
Сергей Михайлович 530 13 48
Борис Алексеевич 131 38 13
Его́ровы 619 12 20
Светлана Анатольевна 244 40 14
Алла 777 17 70

| 141 |

4 Übung 20, **Кроссворд**
(Lösung: Михаил Иларионович Кутузов)

5 Folie 44 (Seite 67)

Урок 16
Ответный визит

1 Grammatik

> **A** Datum: »am 1.« (AB 1), »am 1. Januar« (AB 2), »von 1. bis 5. Januar« (AB 3, 8); »ob« (AB 4); substantivierte Adjektive: «данные» (AB 9)
>
> **B** Verb: Konjunktiv «не могли бы вы, хотел бы» (AB 17)

2 Folie 45 (Seite 68)
 А3

3 Folie 46 (Seite 69)
 Б1

4 Folie 47 (Seite 70)
 В1

5 Folie 48 (Seite 71)
 Г1

6 Übung 1
 | 147 |

Добрый день! С вами говорит автоответчик фирмы «РосИнтер». К сожалению, фирма сегодня не работает в связи с праздничным днем. Если вы хотите передать срочную информацию, то, пожалуйста, изложите ее после звукового сигнала. Спасибо!

7 Rollenspiel

Terminabsprache per Telefon nach vorgegebenen Daten. Es kommen nur die Monate März und April in Frage (Partnerarbeit).

Lösung:
Es bleibt nur die Woche vom 11.-15. April.

Карточка A: Frau Negenborn

Вы получили факс от Бори́са Никола́евича Тере́нтьева. Господин Тере́нтьев предлага́ет свой прие́зд для переговоров с 28 ма́рта. Он про́сит вас подтверди́ть это или связа́ться с ним по телефону и договори́ться о друго́й дате. Вот ваш календарь.

		MÄRZ			APRIL
1	Di			Fr	*Urlaub*
2	Mi			Sa	
3	Do			Osterso	
4	Fr			Ostermo	
5	Sa			Di	
6	So			Mi	
7	Mo			Do	
8	Di			Fr	
9	Mi			Sa	
10	Do			So	
11	Fr			Mo	
12	Sa			Di	
13	So			Mi	
14	Mo			Do	
15	Di			Fr	
16	Mi			Sa	
17	Do			So	
18	Fr			Mo	
19	Sa			Di	
20	So			Mi	*franz. Delegation*
21	Mo			Do	*franz. Delegation*
22	Di			Fr	
23	Mi			Sa	
24	Do			So	
25	Fr			Mo	*Hamburg*
26	Sa			Di	*Hamburg*
27	So			Mi	*Hamburg*
28	Mo	*Urlaub*		Do	*Hamburg*
29	Di	*Urlaub*		Fr	*Hamburg*
30	Mi	*Urlaub*		Sa	
31	Do	*Urlaub*			

Карточка Б: Бори́с Никола́евич Тере́нтьев

Вы написали факс госпоже Негенборн и предложи́ли свой прие́зд для переговоров с 28 ма́рта. Вы про́сили её подтверди́ть это или связа́ться с вами по телефону и договори́ться о друго́й дате. Вот ваш календарь.

		МАРТ			АПРЕЛЬ
1	вт			пят	Австрия?
2	ср			суб	
3	чет			вос	
4	пят			пон	анг. делегация
5	суб			вт	анг. делегация
6	вос			ср	анг. делегация
7	пон			чет	анг. делегация
8	вт			пят	анг. делегация
9	ср			суб	
10	чет			вос	
11	пят			пон	
12	суб			вт	
13	вос			ср	
14	пон			чет	
15	вт			пят	
16	ср			суб	
17	чет			вос	
18	пят			пон	польская делегация
19	суб			вт	польская делегация
20	вос			ср	польская делегация
21	пон			чет	польская делегация
22	вт			пят	польская делегация
23	ср			суб	польская делегация
24	чет			вос	польская делегация
25	пят			пон	польская делегация
26	суб			вт	
27	вос			ср	
28	пон	Австрия?		чет	
29	вт	Австрия?		пят	
30	ср	Австрия?		суб	
31	чет	Австрия?			

Урок 17
Первые впечатления

1 Grammatik

A Adjektiv: Kurzform («знаком» AB 6); Systematisierungen: Verb: -авать («переда-вать»); Wortbildung (AB 8, 9)

2 AB, Übung 1

- Доброе утро, Эрика!
- Здравствуйте, Юрий. Вы хорошо отдохну-ли?
- Да, отлично.
- Вы уже позавтракали?
- Да, только что. В ресторане был шведский стол и не надо было говорить по-немецки.
- Значит, мы можем ехать на фирму.
- Да, конечно.
- Юрий, вчера я забыла спросить: вы с Веной уже знакомы?
- Нет ещё.
- Тогда у вас будет большая культурная про-грамма.
- Знаете, я уже много читал о Вене. Сейчас я, конечно, очень рад, что я здесь и могу её посетить.
  Эрика, вы прекрасно говорите по-русски. Где вы изучали русский язык, если не секрет?
- Конечно, нет. Сначала на курсах, а потом в университете. Ну вот, Юрий, мы уже приехали. Вот наша фирма.

3 Folie 49 (Seite 72)

4 Hinweis: Занимательный этимологичес-кий словарь

архивариус	варить
буханка	Explosionsgeräusch: бух
гладиатор	гладить (bügeln)
голáвль (Fisch)	гол (Tor im Sport)
заслонка	слон
капельмейстер	капли дождя в мае
лайнер	лаять
лазер	лазить
новосел	новый осёл
оратор	орать
открытка	открыть
рубашка	рубить
синекура	синяя кура
частокол (Pfahlzaun)	получает часто колы (nicht genügend)

5 Übung 4

- Ну вот и прилетели! Ты первый раз здесь?
- Да, первый.
- Я тоже. Я даже не знаю, как ехать в город. Может быть, можно на автобусе?
- Мне кажется, что на электричке.
- А может, лучше на такси?
- Наверное, но я думаю, что это очень доро-го.
- Так что же нам делать?

6 Interview-Kärtchen

Beruf

Welcher Beruf?

_____

Seit wann?

_____

Vorbildung?

_____

Häufiger Berufswechsel?

_____

Besonderheiten des Berufs? (wo ausgeübt, viel Kontakt mit Menschen, regelmäßige Arbeitszeit, Stunden pro Woche, Reisen, ...)

_____

_____

_____

Beziehung zum Beruf?

_____

Einkommen?

Mögliche sprachliche Schwierigkeiten

Welcher Beruf?

Кем вы работаете? Какая у вас профессия?

Seit wann?

Сколько лет вы уже работаете в этой фирме?

Vorbildung?

Вы учились в специальной школе?

Häufiger Berufswechsel?

Это у вас первая профессия? Вы работали и в других фирмах?

Вы всё время работали в этой фирме?

Besonderheiten des Berufs?

Вы часто встречаетесь с новыми людьми?

Когда вы утром начинаете работать?

Beziehung zum Beruf?

Вам нравится ваша работа/профессия? Вы любите ...

Einkommen?

Вы много/Сколько вы зарабатываете?

Wenn gewünscht: Statistische Auswertung der Ergebnisse.

Урок 18
Есть и проблемы

1 Grammatik

> **А** »man« + Systematisierung; Rektion der Verben: «пользоваться»
>
> **Б** Reflexivpronomen «чувствовать себя» (AB 5); Systematisierungen: Rektion der Verben; Mehrfachverneinung; Reflexivpronomen: Deklination + Systematisierung

A1

2 Folien 50 und 51 (Seite 73 und 74)

163

3 Г 1

- Ты уже давно в Вене?
- Не очень: четыре месяца. Но ещё не выучил немецкий язык. Мне кажется, это самый трудный язык в мире.
- Нет, наш труднее. А где ты учишь немецкий?

- Хожу на интенсивные курсы три раза в неделю.
- Здорово! В немецком языке главное – грамматика. Знаешь грамматику, знаешь язык.
- Но ещё и слова надо знать.
- Это конечно, но главное – грамматика. А венский диалект – это вообще кошмар! Я почти ничего не понимаю ... Ну, вот и моя станция. Пока, звони.
- Успехов тебе!

4 Übung 4

165

В эфире информационный выпуск.

Президент России разработал план политических мероприятий на сентябрь. В частности, на 6 сентября назначено первое заседание Совета Федерации, на которое будут вынесены проекты нового закона о выборах. На следующий день состоится встреча глав государств СНГ.

Канадские школьники скоро будут играть в карты на уроках математики. Так видят три учителя в Альберте современный урок арифметики, и они написали серию учебников, построенных на игре в карты. Их первый учебник имел необыкновенный успех у детей.

В Москве определены 11 кинотеатров, которые будут муниципальными детскими кинотеатрами. Это «Баррикады», «Юность», «Пионер», «Дружба» и другие. 50% всех киносеансов здесь должны проводиться обязательно только для детей с соответствующим репертуаром.

5 Wortschatz (Assoziationen)

компости́ровать _____

по́льзоваться _____

чу́вствовать _____

голова́ _____

вы́глядеть _____

жа́ловаться _____

6 Interview-Kärtchen

> **Ein Mensch, der mir sehr nahe steht**
>
> Name?
> _____
>
> Bekanntschaftsgrad?
> _____
>
> Seit wann?
> _____
>
> Unsere Gemeinsamkeiten?
> _____
> _____
>
> Unsere Verschiedenheiten?
> _____
> _____
>
> Sein/ihr Hobby?
> _____
>
> Besonders liebe Züge?
> _____

Mögliche sprachliche Schwierigkeiten

Gemeinsamkeiten:
   Какие у вас общие интересы?
Verschiedenheiten:
   Что он/она очень любит, что вы не любите?
Besonders liebe Züge:
   Что вам особенно нравится в нем/ней?

Урок 19
В гостях у друзей

1 Grammatik

> **A** Zeitangabe «два месяца назад»
> **Б** Zeitangabe «до вашего отъезда»
> **В** «вы с женой»; Pronomen «весь»: Deklination (все достопримечательности)

Б1 **2 Folie 52** (Seite 75)

---

3 Interview-Kärtchen

> **Urlaub**
>
> Viel/wenig?
> _____
>
> Jahreszeit?
> _____
>
> Dauer?
> _____
>
> Mit wem?
> _____
> _____
>
> Wo?
> _____
> _____
>
> Reiseform? (Auto, Flugzeug, ...)
> _____
>
> Übernachtung?
> _____
>
> Sprachkenntnisse für das Ausland?
> _____
> _____
>
> Bester Urlaub?
> _____
> _____
>
> Schlechtester Urlaub?
> _____
> _____
>
> Ausgaben pro Person?
> _____
> _____
>
> Wechsel der Urlaubsorte?
> _____
> _____

Präsentation: »Urlaub in unserer Gruppe«
(Statistik)

Urlaub im		
Ausland	_____	человек
Inland	_____	человек
kein Urlaub	_____	человек
Urlaub		
allein	_____	человек
mit Familie	_____	человек
mit Freunden	_____	человек
mit Partner	_____	человек
Dauer	_____	
Ausgaben pro Person	_____	

168

4 Übung 3: Rollenspiel

Карточка А: пассажир

Sie wollen am Freitag nach St. Petersburg fahren, weil Sie am Samstag um 10 Uhr dort eine Verabredung haben.

Карточка Б: служащий

Вот расписа́ние поездо́в:

	Москва	С.-Петербург
1.	1.00	9.38
2.	1.52	11.10
3.	12.27	20.53
4.	13.23	22.39
5.	17.20	23.20
6.	20.30	5.05
7.	23.00	7.10
8.	23.55	8.25

На сле́дующие поезда́ уже́ нет мест: 1, 8

Урок 20
Повторение – мать учения

1 Übung 8

Добрый день, уважаемые гости!

Вы находитесь сейчас на территории Московского Кремля.

Здесь расположены не только правительственные здания, но и много музеев с прекрасными историческими и архитектурными достопримеча́тельностями: Кремль – это история России. Это отражается и в его архитектуре: в Кремле предста́влены архитектурные памятники всех веков, которые веду́т нас через историю России.

15 и 16 века́ – это пери́од образования русской импе́рии. И центром этой импе́рии была Собо́рная площадь, которую окружа́ют три прекрасных собора: Успе́нский, Арха́нгельский и Благове́щенский. Они укра́шены золотыми купола́ми, а их интерье́р – прекрасные фре́ски и ико́ны. В это же время были постро́ены Кремлёвские сте́ны с ба́шнями, разные це́ркви и пала́ты, такие, как, например, известная Грано́ви́тая пала́та.

Как дальше развивалась Россия показывает, например, самое высокое здание Кремля – колоко́льня Ивана Великого и Теремно́й дворе́ц 17 ве́ка.

Хотя в начале 18 века новой столицей страны стал Санкт-Петербург, Кремль рос дальше. В 18 веке было постро́ено здание Сена́та – сегодня это резиденция президента России –, а в 19 веке – Большой Кремлёвский дворе́ц.

В начале 20 века Москва снова стала столицей страны, а Кремль – правительственной резиденцией. В архитектуре Кремля предста́влен и 20 век: Кремлёвский дворе́ц был постро́ен в шестидесятые годы. Здесь проходят конгре́ссы, в нём можно послушать оперу или посмотреть балет.

Эта наша маленькая экскурсия показала, конечно, не все достопримеча́тельности. Чтобы осмотреть весь Кремль, чтобы получить настоящее представле́ние о нём, нужно увидеть и интерье́ры Кремлёвских дворцо́в и пала́т, собо́ров и церкве́й.

2 Übung 9

Привет! Надеюсь, ты меня узнал. Я уже в Берлине. Но, к сожалению, не застал тебя дома. Очень хотелось бы увидеться. Вечером буду ждать тебя в 7 часов в гостинице «Беролина» в холле. До встречи!

(Ожидаемый ответ: звонил знакомый и хочет встретиться в 7 ч. в гостинице «Беролина» в холле.)

3 Folie 53 (Seite 76)

Muster

Обрати́тесь, пожа́луйста, к уча́стникам вы́ставки!
По́льзуйтесь этими новыми данными!
Соедини́те меня с Михаилом Сергеевичем!
Запо́лните эту анкету!

**Переговоры 1
Начало бизнеса**

---

1 Grammatik

> **(5)** Substantiv: Abweichungen im Gen. Pl.;
> Zeitangabe: »seit«

(1)

2 Folie 54 (Seite 77)

(1)

3 Folie 55 (Seite 77)

Mögliches Ergebnis

- Добрый день! Моя фамилия Шмидт. Я из фирмы «Шольц».
- Здравствуйте, господин Шмидт. Как ваши дела?
- Очень хорошо. А у вас?
- Тоже все хорошо, спасибо.
- Я очень рад это слышать. Госпожа Михайлова, у меня к вам просьба. Когда мы смогли бы встретиться?
- Вас устроит четверг в 15 часов?
  Да, вполне.
- Прекрасно, наш сотрудник заедет за вами в 2 часа́.
- Тогда до четверга, госпожа Михайлова.
- Всего доброго, господин Шмидт.

4 Vordruck: Докладна́я запи́ска

Докладная	
Кому:	_____
Дата:	_____
От кого:	_____
Время:	_____
_____	
(Текст:)	

5 Докладная записка

(1)

Г-жа Митрофанова пишет докладную о разговоре с г-ном Крюгером для своего заместителя (Stellvertreter) С. П. Коря́гина:

Докладная	
Кому:	С.П. Корягину
От кого:	Митрофановой
Дата:	28 мая
Время:	16.45

В пятницу в 11 ч. буду у нового представителя фирмы «Баукран», г-на Крюгера.

6 Kärtchen vor Übung 8

(8)

179

Stellen Sie anhand des Dossiers die Firma »Metall AG« vor:

- Metall AG, Düsseldorf
- Vertreter in Moskau: Hr. Barten
- Mitarbeiter: 350
- Export: 65%
- Handelspartner: vor allem Westeuropa
- Seit 1994: Tschechische Republik, Polen
- Seit 1996: Vertretung in Russland

7 Übung 9

179

*Добрый день!
Сегодня праздник и наша фирма не работает. Но мы будем рады перезвонить вам, если вы после звукового сигнала назовете нам вашу фамилию, фирму, номер факса или телефона.*

Переговоры 2
Запрос и предложение

1 Grammatik

(1) Verb: PPP-Kurzform
(3) «ли»
(6) Verneinte Verbalphrase

(3) **2 Folien 56 und 57** (Seite 78 und 79)

(6) **3 Folien 58 und 59** (Seite 79 und 80)

184 **4 Übung 12**

Добрый день! Это говорит Ларушина, фирма «Телевидео». Я хотела бы поблагодарить вас за ваши каталоги. Нас особенно интересуют телевизоры фирмы «Грундиг». Пожалуйста, сделайте нам предложение на тысячу телевизоров. Уточните в своем предложении и условия поставки и платежа. Может быть, вы смогли бы передать нам еще дополнительную информацию о телевизорах фирмы «Филлипс». Направьте ваше предложение по адресу: 133204 Москва, ул. Назарова, д. 51. Наш телефон: 427 13 30, наш факс: 427 64 81. Благодарю вас.

5 Rollenspiel

Situation: Verhandlung über einen möglichen Geschäftsabschluss.

Карточка А: Hr./Fr. Hoffmann

Situation: Sie besuchen Ihre/n russische/n Geschäftspartner/in Herrn Ковалёв/Frau Ковалёва, dem/der Sie vor einiger Zeit Ihren neuen Katalog übersandt haben, um über einen möglichen Geschäftsabschluss zu sprechen.

Er/sie führt das Gespräch, Sie reagieren höflich und entgegenkommend auf die Äußerungen Ihres Verhandlungspartners/Ihrer Verhandlungspartnerin, weil Sie mit ihm/ihr ins Geschäft kommen wollen.

Карточка Б: г-н Ковалёв / г-жа Ковалёва

Situation: Sie haben vor einiger Zeit den neuen Katalog der Firma Weber erhalten. Heute besucht Sie der/die Vertreter/in der Firma, Herr/Frau Hoffmann, um mit Ihnen über einen möglichen Geschäftsabschluss zu sprechen. Sie führen das Gespräch, Ihr/e Verhandlungspartner/in reagiert:

- Begrüßung und Einladung zum Ablegen
- Höflichkeit (Freude über persönliche Bekanntschaft)
- Vorstellung Ihrer Mitarbeiterin Frau Михáйлова
- Kompliment zu Katalog, den Sie mit großem Interesse studiert haben
- Interesse an Gerät G-100
- Bitte um Angebot über 20 Geräte
- Hinweis, dass Sie die Geräte in zwei Monaten brauchen
- Bitte um Präzisierung der Liefer- und Zahlungsbedingungen im Angebot
- Dank für Besuch
- Verabschiedung

Переговоры 3
Представление фирмы

1 Grammatik

(1) «50 лет»
(2) «каков»; Systematisierung: Zeitangaben

(2) **2 Folie 60** (Seite 81)

188 **3 Übung 5**

- Многоуважаемые слушатели. Сегодня у нас в гостях менеджер фирмы «Сибстрой» Сергей Владимирович Литви́нов.
Сергей Владимирович, сегодня вы подписали договор о сотрудничестве с швейцарской фирмой «Баукран». Для вашей фирмы – это важная дата. Поэтому разрешите несколько вопросов о вашей фирме.

Сколько времени ваша фирма уже существует?

- Наша фирма молодая. Она существует всего четыре года.

- Чем вы прежде всего занимаетесь?

- В основном, поставкой стройматериалов.

- Вы прежде всего работаете в Москве?

- Да. Но в этом году мы открываем филиалы нашей фирмы в других городах России.

- Сколько человек работает на вашей фирме?

- Пока 95. Но в этом году мы откроем филиалы в Нижнем Новгороде и Иркутске и поэтому количество сотрудников у нас увеличится.

- Каков годовой оборот вашей фирмы?

- Пока это коммерческая тайна, но по европейским масштабам мы являемся малым предприятием.

- А как будет организовано ваше сотрудничество с фирмой «Баукран»?

- Мы предоставим фирме строительный материал и 60 % рабочей силы.

- Сергей Владимирович, большое спасибо за интервью и больших вам успехов.

- Большое спасибо, мы будем стараться.

4 Rollenspiel

Карточка А:
Влади́мир Серге́евич Остро́вский

Вы – Влади́мир Серге́евич Остро́вский, менеджер фирмы «Интердом». Журналист Московского ТВ берёт у вас интервью о вашей фирме «Интердом». Вот основные данные о вашей фирме:

название:	Интердом
штаб-квартира:	Нижний Новгород
год основания:	1992 г.
продукция:	дома, здания, коттеджи
сотрудники:	220
годовой оборот:	62 млн. долларов США
филиалы:	Москва, Санкт-Петербург, Екатеринбург, Иркутск
партнеры:	Диксон (США), Бруннер АГ (Германия)

Карточка Б:
журналист

Вы берете интервью у менеджера фирмы «Интердом» Влади́мира Серге́евича Остро́вского.
Вас особенно интересует:

- как долго существует фирма «Интердом»,
- чем фирма прежде всего занимается,
- на каком рынке она прежде всего работает,
- где находится штаб-квартира фирмы,
- филиалы,
- количество сотрудников,
- есть иностранные партнеры,
- каков годовой оборот?

Переговоры 4
На выставке

1 Grammatik

(1) Präp. «из» (какая из этих выставок)
(2) «иметь»

2 Folie 61 (Seite 82)

Переговоры 5
Конец – делу венец!

1 Übung 13

Посетите музей-усадьбу 19 века Абрамцево! Здесь жили и творили многие известные русские писатели и композиторы. Сюда приезжали Гоголь, Шаляпин, Репин. Здесь вы сможете увидеть картины знаменитых русских художников. Если вы устали, то сможете отдохнуть в великолепном парке с постройками в русском стиле. Проезд: электропоездом с Ярославского вокзала.

Приглашаем посетить музей-усадьбу Л.Н.Толстого Ясная Поляна. Здесь родился и жил великий русский писатель. Именно в Ясной

Поляне он создал свои знаменитые романы «Война и мир», «Анна Каренина», повести и рассказы. Здесь Лев Николаевич и похоронен. Проезд: поездом с Курского вокзала до Тулы, далее автобусом до Ясной Поляны.

Если вы будете в Санкт-Петербурге, обязательно посетите город Пушкин. Здесь в лицее учился великий русский поэт Александр Сергеевич Пушкин. Именно здесь он и стал поэтом. В архитектурно-парковом ансамбле города дворец и музей, в которых собраны коллекции лучших картин, скульптуры и мебели прошлого века. Здесь в парке один из лучших памятников поэту. До города Пушкина вы сможете доехать на поезде или на автобусе. Будучи в Санкт-Петербурге, вы не сможете не посетить и Петродворец с его прекрасными парками, фонтанами и дворцами. Вы побываете в музее, где имеются богатейшие коллекции картин, скульптуры, посуды, хрусталя и фарфора. В Петродворец, или Петергоф лучше всего ехать на теплоходе, но можно и поездом.

«Золотое кольцо» – один из лучших экскурсионных маршрутов России. Это путешествие по старинным русским городам: Москве, Сергиев Посаду, Владимиру, Суздалю, который в 12 веке был столицей Ростово-Суздальского княжества, Ростову Великому, известному уже в 9 веке. В этих городах сохранились уникальные памятники русской старины: церкви, соборы, монастыри. Если вы хотите познакомиться с русской историей, поезжайте по Золотому кольцу!

2 Übung 15

Внимание! Поезд до Клина будет отправляться в 22 часа 23 минуты от 3 платформы.

До отправления скорого поезда номер 1 «Лев Толстой» Москва – Хельсинки остаётся пять минут. Отъезжающих просят занять свои места, а провожающих выйти из вагонов.

Скорый поезд номер пять Санкт-Петербург – Москва опаздывает с прибытием в Москву на 45 минут.

Федорчук Михаил Сергеевич! Вас ожидают у справочного бюро в центральном зале вокзала.

Начинается посадка на скорый поезд номер три «Красная стрела» Москва – Санкт-Петербург. Отправление поезда в 23 часа 53 минуты от 5 платформы.

7   Folien zu den Lektionen

Folie 1: Lückentext   **Урок 1**

- Ни́на Серге́евна, вы рабо́т___ в газе́т___ . А ваш муж?
- Он врач, рабо́т___ в больни́ц___ .
- Здесь в го́род___ ?
- Да, здесь в Москв___ .
- А рабо́та интере́сная?
- Ду́м___ , о́чень.
- Вы, Ни́на Серге́евна, жив___ в Москв___ , да?
- Да, мы жив___ здесь. А вы, господи́н Вегер?
- Я жив___ и рабо́та___ в Ве́н___ .

Folie 2: Lückentext   **Урок 1**

- Это ва́ш___ семья́, господи́н Вегер?
- Нет. Это мо___ сестра́ Кристине и ___ семья́. Сле́ва ____ муж. Он инжене́р, рабо́тает в кон- стру́кторск___ бюро́ в Маннгейме. А спра́ва Аксель, ____ сын. ___ ви́дите, Аксель ещё ма́леньк____ , он учени́к. А вот здесь Сандра, ____ дочь. Она́ уже́ взро́сл____ и живёт в Мю́нхене. Там она́ рабо́тает на небольш____ фи́рме.

Вы, что мы де́лаем? Муж обы́чно, а я ве́чером
рабо́таю. Наш Юра в институ́те, а Ка́тя, на́ша, до́ма.
все до́ма, мы у́жинаем. А мы обы́чно. Мой муж
слу́шает класси́ческую му́зыку и газе́ту и́ли медици́н-
ский журна́л. Это он де́лает в. Я то́же иногда́ му́зыку.
Вчера́ мы в ци́рке. Бы́ло интере́сно.

1. большо́й ко́мнате
2. бы́ли
3. ве́чером
4. вме́сте
5. до́ма
6. до́чь
7. ещё
8. иногда́
9. Когда́

10. обы́чно
11. отдыха́ем
12. о́чень
13. пото́м
14. слу́шаю
15. спра́шиваете
16. сын
17. ча́сто
18. чита́ет

А - Алло́ ...

Б - Здра́вствуйте, ___ Герберт Вегер. Серге́й ___
    до___?

А - Он ___ на рабо́те. ___ , пожа́луйста, ___
    говори́т?

Б - Герберт Вегер.

А - ___ ве́чер, господи́н Вегер. Это Ири́на ___ .

Б - Ири́на Ива́новна, ___ . Как вы ___ ?

А - ___ , хорошо́. А вы?

Б - ___ хорошо́.

А - Господи́н Вегер, вы ___ хорошо́ говори́те по-
    ___ . Вы ___ бы́ли в Росси́___ ?

Б - Спаси́бо ___ комплиме́нт. Да, был, оди́н ___ .

А - Нет, нет, э́то не комплиме́нт, э́то ___ .

Б - Ири́на Ива́новна, вы ___ , что Серге́й
    Никола́евич ___ на рабо́те?

А - Да. Вы зна́ете его́ ___ телефо́н?

Б - Да, ___ . Спаси́бо. До ___ , Ири́на Ива́новна.

А - До ___ .

- Господи́н Вегер, э́то мой колле́га Васи́лий Соколо́в. Васи́лий, господи́н Вегер - наш австри́йский колле́га.
- О́чень рад, господи́н Вегер.
- ___ .
- Скажи́те, пожа́луйста, господи́н Вегер, каки́е журна́лы и газе́ты вы регуля́рно чита́ете?
- Коне́чно, ___ .
- Зна́чит, австри́йские и неме́цкие?
- Да, и ___ . Но я мно́го ___ . А по-францу́зски я ___
- А ру́сские газе́ты и журна́лы вы зна́ете?
- Коне́чно, я чита́ю ___ .
- А на́ши газе́ты?
- Не ___ .
- А каки́е ру́сские журна́лы вы чита́ете?
- Регуля́рно - «Но́вое ___ ». А вы чита́ете ___ ?
- Я не говорю́ по-неме́цки, наш Васи́лий хорошо́ говори́т. Э́то он чита́ет на неме́цком языке́. А я чита́ю на англи́йском и на италья́нском.
- А вы, господи́н Соколо́в, ___ ?
- Да, в Берли́не и Ве́не.

Tourist/in:	Frage nach Karten
Kassierer/in:	Gegenfrage: Für heute?
Tourist/in:	Bestätigung
Kassierer/in:	Bejahung
Tourist/in:	Freude, Bestellen einer Karte
Kassierer/in:	Aushändigung der Karte
Tourist/in:	Dank

- Тама́ра Ива́новна! Здра́вствуйте. О́чень рад вас ви́деть.
- ___ ___ , господи́н Вегер. Я то́же. Вы на рабо́ту?
- Нет, сего́дня у меня́ ___ день: ___ го́род.
- И ещё в таку́ю хоро́шую ___ !
- Да, ___ сего́дня ___ ___ .
- В Кремле́ вы уже́ бы́ли?
- Да, вчера́, и на Кра́сной пло́щади. ___ ___ на Твер-ску́ю. Говоря́т, что э́то о́чень интере́сная у́лица: краси́вые зда́ния, магази́ны, …
- Тверска́я, ___ , интере́сная у́лица. Ну, ___ всего́ ___ , господи́н Вегер.
- До свида́ния, Тама́ра Ива́новна, ___ ___ .

- Алло́.
- Здра́вствуйте, Лари́са Петро́вна. Э́то Вегер.
- Здра́вствуйте, Вегер.
- Скажи́те, пожа́луйста, Никола́й?
- Нет.
- Он, ещё на рабо́те?
- Нет, он у.
- Лари́са, я зна́ю, что Никола́й о́чень лю́бит гру́ппу «Бра́во». И у есть биле́ты на их конце́рт, но на сего́дня. Програ́мма о́чень хоро́шая!
- О́чень интере́сно. Но, к, Никола́й сего́дня то́лько о́чень. Он у на, у них там нет.
- О́чень жаль. Но не поде́лаешь. До свида́ния.
- Всего́.

1. бу́дет
2. господи́н
3. да́че
4. до́брого
5. до́ма
6. Его́
7. знако́мого
8. знако́мого
9. меня́
10. наве́рно,
11. ничего́
12. Петро́вна
13. по́здно
14. сожале́нию
15. телефо́на

- Алло́.
- Здра́вствуйте, Лари́са ___ . Э́то Ве́гер.
- Здра́вствуйте, ___ Ве́гер.
- Скажи́те, пожа́луйста, Никола́й ___ ?
- ___ нет.
- Он, ___ , ещё на рабо́те?
- Нет, он у ___ .
- Лари́са ___ , я зна́ю, что Никола́й о́чень лю́бит гру́ппу «Бра́во». И у ___ есть биле́ты на их конце́рт, но на сего́дня. Програ́мма о́чень хоро́шая!
- О́чень интере́сно. Но, к ___ , Никола́й ___ сего́дня то́лько о́чень ___ . Он у ___ на ___ , у них там нет ___ .
- Очень ___ . Но ___ не ___ . До свида́ния.
- Вс___ до́бр___ .

аллоздравствуйтеувасещёестьбилетынасубботучт
обилетыавыкудазвонитевбольшойтеатраэтокварт
ираойпроститепожалуйста

- Како́й ___ ! Ни́на Серге́евна!
- До́брый ве́чер, господи́н Вегер. Зна́чит, и вы лю́бите концерты.
- Да, о́чень. До́ма ча́сто ___ .
- Господи́н Вегер, ___ : мой муж Алексе́й Петро́вич.
- О́чень рад, господи́н Вегер.
- И я то́же. Вы ча́сто ___ на концерты?
- Я не ча́сто, но Ни́на о́чень лю́бит класси́ческую му́зыку, осо́бенно Бетхо́вена.
- Да, но, к сожале́нию, ___ ___ на концерты. Иногда́ до́ма слу́шаю. А как вам ___ концерт, господи́н Вегер?
- Очень. Осо́бенно мне ___ ___ .
- Да, Ростропо́вич ___ дирижёр.
- А вам, Пётр Алексе́евич, концерт то́же ___ ?
- Да, ___ . Но меня́ ___ Алексе́й Петро́вич.
- Прости́те, пожа-...
- ___ , ___ . Но мне осо́бенно интере́сно бу́дет сейча́с: о́чень люблю́ Му́соргского.
- Я Му́соргского не о́чень зна́ю. Поэ́тому мне то́же бу́дет о́чень интере́сно. А вам, Ни́на Серге́евна, Му́соргский ___ ?
- Да, ___ , но ...
- Уже́ тре́тий ___ . До свида́ния, господи́н Вегер.
- До свида́ния, всего́ до́брого.

Das sind die Adressen Ihrer russischen Bekannten. Bereiten Sie die Kuverts vor.

Сергей Борисович Макулин живёт в Москве (129 090) на улице Никитина, дом 126, в квартире № 37.

Лариса Сергеевна Лариохина живёт в Санкт-Петербурге (193 313) на площади Мужества, дом 21, в квартире № 81.

Елена Петровна Смирнова живёт в Нижнем Новгороде (603 600) на ул. М. Покровская, дом 102, в квартире № 28.

1 Алло́.

2 Валенти́на, до́брое у́тро.

3 Сего́дня ве́чером?

4 Со́ня и Ле́на? Како́й сюрпри́з!

5 В пять часо́в. Зна́чит, я е́ду сра́зу по́сле рабо́ты.

6 Нет.

7 А от ста́нции?

8 Это недалеко́. Хорошо́, в пять часо́в бу́ду у вас. Большо́е спаси́бо за приглаше́ние. До ве́чера.

1	До́брое у́тро, Ютта. Это Валенти́на.
	Да. Сего́дня у нас бу́дут Со́ня и Ле́на.
	До ве́чера, Ютта.
	Ждём вас в пять часо́в.
	На метро́ до ста́нции «Проспе́кт Верна́дского».
	Наш а́дрес: проспе́кт Верна́дского, дом 106, кварти́ра 112. Вы зна́ете, как к нам попа́сть?
	О́чень хорошо́, что вы ещё до́ма. Ютта, сего́дня ве́чером мы приглаша́ем вас в го́сти.
	Пешко́м ещё де́сять мину́т.

© **Max Hueber Verlag**, 1997: Best.-Nr. 2.4467

- Алло́.
- До́брое ___ , Ютта. Э́то Валенти́на.
- Валенти́на, до́брое ___ .
- О́чень хорошо́, что вы ещё до́ма. Ютта, сего́дня ве́чером мы ___ вас в ___ .
- Сего́дня ве́чером?
- Да. Сего́дня у нас бу́дут Со́ня и Ле́на.
- Со́ня и Ле́на? Како́й сюрпри́з!
- ___ вас в пять часо́в.
- В пять часо́в. Зна́чит, я ___ сра́зу по́сле рабо́ты.
- Наш а́дрес: проспе́кт Верна́дского, дом 106, кварти́ра 112. Вы зна́ете, как к нам ___ ?
- Нет.
- ___ метро́ до ста́нции «Проспе́кт Верна́дского».
- А ___ ста́нции?
- ___ ещё де́сять мину́т.
- Э́то ___ . Хорошо́, в пять часо́в бу́ду у вас. Большо́е спаси́бо за ___ . До ве́чера.
- До ве́чера, Ютта.

- Антони́на, вы не, как мне на проспе́кт Верна́дского?
- Отсю́да? Ой, э́то. Вот посмотри́те на схе́му: здесь на́ша ста́нция метро́, а э́то «Проспе́кт Верна́дского». Ви́дите, вам на́до е́хать с.
- А ско́лько, Антони́на? Как вы ду́маете?
- час.

1. вре́мени
2. далеко́
3. Ми́нимум
4. отсю́да

5. переса́дкой
6. попа́сть
7. ска́жете

                                              © **Max Hueber Verlag, 1997: Best.-Nr. 2.4467**

- Добр__ вéчер, Ютта! Пожáлуйста, проход__ , раздева__ .
- Добр__ вéчер. Спасúбо.
- Вы ужé знакóм__ с мо__ муж__ ?
- Нет.
- Тогдá познакóм__ , Ютта: э́то Вúктор, мой муж.
- О́чень рáда, Вúктор.
- И я тóже, Ютта.
- Э́то мáленьк__ сувенúр для ва__ .
- О, больш__ спасúбо. Как__ красúв__ кнúга!
- Сóня и Лéна скóро буд__ . А покá посмотрúте нáш__ квартúр__ .
- С удовóльстви__ , Валентúна.
- Э́то дéтская. Здесь жив__ наш сын.
- Хорóш__ кóмната, и сад есть. Здесь мнóго книг__ . Он, навéрное, люб__ читáть.
- Да, он óчень мнóго читáет. А э́то нáша спáльня и одноврéменн__ кабинéт муж__ .
- Всё óчень красúво.
- А здесь спрáва – гостúн__ .
- О́чень свéтл__ кóмната. И балкóн есть, прекрáсн__ ! А кто игрáет на пианúн__ ? Вы?
- Нет, э́то муж. Он óчень лю́бит му́зык__ , осóбенно Чайкóвск___ .
- О, и я óчень люблю́ Чайкóвск__ . Осóбенно мне нрáв__ егó шестáя симфóния.

какквампопастьсначалапоезжайтенаметродостанц
иипроспектвернадскогоаоттудадесятьминутпешко
мэтопрямаялиниянетсделайтепересадкунастанции
парккультурыспасибо

- Прости́те, пожа́луйста, ___ , как ___ на Варва́рку?
- На Варва́рку? Она́ в це́нтре. Снача́ла поезжа́йте на метро́ до ста́нции «Кита́й-го́род».
- Э́то ___ ?
- Нет, сде́лайте переса́дку на ста́нции «Новокузне́ц-кая». А от ста́нции «Кита́й-го́род» недалеко́, де́сять-пятна́дцать мину́т пешко́м.
- Зна́чит, ___ «Новокузне́цкая», пото́м ___ «Кита́й-го́род», а отту́да пешко́м. Пра́в___ ?
- Пра́вильно.
- Ско́лько ___ е́хать?
- До ста́нции «Новокузне́цкая» пять и́ли шесть, а отту́да ещё одну́ ста́нцию, пото́м ещё пешко́м ... Ну, час, да ми́нимум час.
- ___ спаси́бо.
- Пожа́луйста.

- Войд___ , пожа́луйста!
- Здр___ , господи́н Ивано́в.
- До́брый день.
- Моя́ фами́лия Штейнер. Я из фи́рм___ «Теле Контрол».
- Рад с ва́___ познак___ , госпожа́ Штейнер. Пожа́луйста, сад___ !
- Спаси́бо. Вот мо___ визи́тка.
- Спаси́бо. Ага́ ... У вас ___ бюро́ в Москве́.
- Да. На́ш___ бюро́ в до́м___ почти́ ря́дом со ста́нци___ метро́ «Соко́льники».
- Это, коне́___ , о́чень удо́бн___ . Вот мо___ визи́тка. Вы уже́ давно́ в Москв___ ?
- То́лько пять ___ .
- Как вам у нас нра́в___ ?
- О́чень. Москва́ – так___ больш___ , инте___ го́род. И пого́да прекр___ .
- Да, насто___ ру́сск___ зима́. И совсе́м не хо́лод___, де́сять гра́д___ . Вы хо___ чай и́ли ко́фе, госпожа́ Штейнер?
- Чай, пожа́луйста.

- Где вы ужé бы́ли в Москве?
- Конéчно, в Кремлé и на плóщади, на Тверскóй, в. Я óчень мýзыку и с удовóльствием на концéрты.
- И какáя у вас прогрáмма на?
- Мнóго встреч и. Сегóдня пóсле две встрéчи у нас в фи́рме, вéчером - цирк, зáвтра в Санкт-Петербýрг. В опя́ть в Москвé и опя́ть встрéчи и бесéды.
- О, у вас óчень большáя прогрáмма.
- Итáк, господи́н Иванóв, э́то наш нóвый каталóг ...

1. бесéд	7. люблю́
2. бýду	8. недéлю
3. бýдут	9. обéда
4. интерéсных	10. поéздка
5. консерватóрии	11. срéду
6. Крáсной	12. хожý

- Слýшаю.
- (Gruß. Vorstellen.)
- Здрáвствуйте, госпожá Штейнер.
- (Bitte um Telefonnummer von Margarita Alexandrowna.)
- Сейчáс посмотрю́. ... Запиши́те: 539-07-78.
- (Verstehenskontrolle. Dank. Verabschiedung.)
- До свидáния.

слушаюздравствуйтемаргаритуалександровнупожа
луйстаеёсейчаснетактоеёспрашиваетютташтейнер
адобрыйденьмаргаритаалександровнасейчасвцентре
авынезнаетекогдаонавернётсятолькопослеобедаей
чтонибудьпередатьспасибоненадояпослеобедаещёр
азпозвонюдосвиданиядосвидания

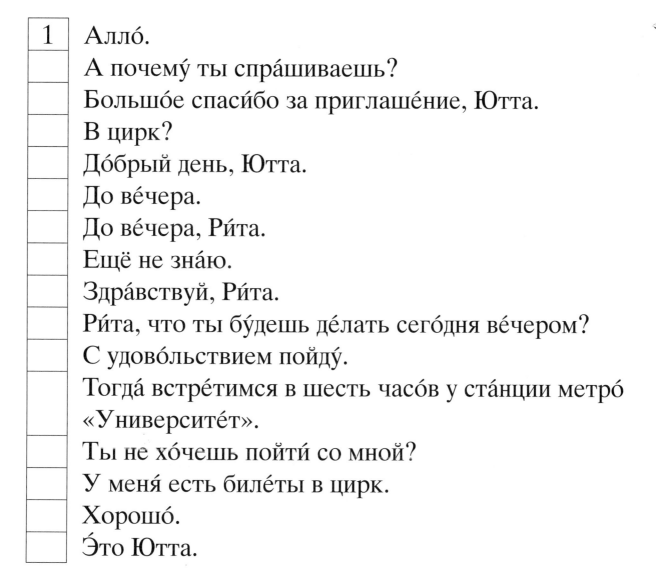

1	Алло́.
	А почему́ ты спра́шиваешь?
	Большо́е спаси́бо за приглаше́ние, Ютта.
	В цирк?
	До́брый день, Ютта.
	До ве́чера.
	До ве́чера, Ри́та.
	Ещё не зна́ю.
	Здра́вствуй, Ри́та.
	Ри́та, что ты бу́дешь де́лать сего́дня ве́чером?
	С удово́льствием пойду́.
	Тогда́ встре́тимся в шесть часо́в у ста́нции метро́ «Университе́т».
	Ты не хо́чешь пойти́ со мной?
	У меня́ есть биле́ты в цирк.
	Хорошо́.
	Э́то Ютта.

- Это, конéчно, не óчень мнóго. Тогдá я вам ___
  снача́ла автóбусную ___ по гóроду, она даёт ___
  ___ о гóроде, и вы познакóмитесь с са́мыми извéст-
  ными места́ми Пи́тера, с Эрмита́жем и Ру́сским
  муеéем, Исáакиевским и ___ собóрами,
  Петропа́вловской ___ , ___ проспéктом, са́мыми
  краси́выми ___ , ...
- Лари́са Влади́мировна, я бу́ду в Петербу́рге тóлько
  пять дней, крóме тогó, бу́ду рабóтать: у меня́ ужé
  ___ óчень мнóго встреч и бесéд. Осма́тривать
  гóрод я бу́ду тóлько в суббóту пóсле обéда и в
  воскресéнье.

1	А в теа́тр не пойдёте?
	А москвичи́ говоря́т, что са́мый извéстный и са́мый хорóший балéт у них в Большóм теа́тре.
	Пойду́ на «Жизéль», в суббóту вéчером. Билéт ужé есть.
	Тогдá я вас поздравля́ю. В на́шем Мари́инском теа́тре са́мый извéстный и са́мый лу́чший балéт.

1. С кем вы там были? коллéги по рабóте
Сергéй Петрóвич
Ирúна Алексáндровна
Сáша
Алексáндр Сергéевич

2. Кому вы пишете? брат
дочь
г-н Третьякóв
г-жа Соколóва
Тамáра Петрóвна

3. Кого вы там видели? коллéги по рабóте
г-н Волы́гин
г-жа Петрóва
вáши дéти
Сергéй Алексáндрович

4. Где вы его видели? перекрёсток
э́тот переýлок
консерватóрия
спрáвочное бюрó
Крáсная плóщадь

- Такси́ свобо́дн__ ?
- Да, сад____ , пожа́луйста.
- Пожа́луйста, в гости́ниц___ «Европе́йская». ...
- Вот и ва́ш___ гости́ница.
- Спаси́бо. Ско́лько с ме___ ?
- 92 000 рубл___ .
- Пожа́луйста. Сда́ч___ не на́до.
- Спаси́бо. Вс___ хоро́ш___ !

1 До́брое у́тро! Для меня́ заброни́р___ но́мер.
   Мо___ фами́лия Хохштрассер, Эрвин Хохштрассер.
2 Спаси́бо. А где я мо___ поза́втракать?
3 Больш___ спаси́бо.

[ ] На пе́рв___ этаж___ сле́ва рестора́н. Он
     рабо́та___ с 10 до 2 час___ но́чи. На тре́т___
     этаж___ есть буфе́т: он рабо́тает с 7 до 20
     час___ . По́чта, телегра́ф, обме́нный пункт на
     пе́рв___ этаже́ спра́ва. Они́ рабо́т___ с 8 до 20
     час___ .

[ ] Одн___ мину́т___ . Соверше́нн___ ве́рн___ ,
     господи́н Хохштрассер. Ваш но́мер 402.

[ ] Запо́лн___ , пожа́луйста, анке́т___ . ...
     Спаси́бо. Вот ваш ключ.

© Max Hueber Verlag, 1997: Best.-Nr. 2.4467

- Извин____ , пожа́луйста, мо____ но́мер 402. Я был____ там.
- Ну и что? Вам он не нра́в____ ?
- Не в э́т____ де́ло. Вы зна́____ , там окно́ выхо́____ на у́лиц____ . Очень шу́мн____ .
- Знач____ , вы хо____ друго́й но́мер. Я пра́вильн____ вас по́н____ ?
- Да, е́сли мо́жно.
- Хорошо́. Есть ещё од____ но́мер на четвёрт____ этаж____ . Окна́ выход____ в парк.
- Прекра́сн____ . Больш____ спаси́бо.

добрыйденьчтоувасестьназавтракпожалуйстаестьс
осискияичницаварёныеяйцабутербродысколбасойс
ыромветчинойтворогсметанакефиракофеестьдако
нечнотогдапожалуйстаяичницусветчинойкефирик
офеидайтеещёдвакускачёрногохлебапожалуйстап
ожалуйстасвас112500рублейспасибо

- Дóбрый день! Господи́на Доброво́льского, пожá-луйста.
- Сейчас ...
- Здрáвствуйте, Доброво́льский говори́т.
- Здрáвствуйте. Э́то Хохштрассер. Вы получи́ли мой факс?
- Да. Когдá мы смóжем встрéтиться?
- Мóжно сегóдня.
- Хорошó. Я вас приглашáю на ýжин. Мой коллéга заéдет в гости́ницу в 17 часóв.
- Да. Я в гости́нице «Европéйская».
- А в какóм нóмере?
- В 407-м.
- Хорошó. До вéчера.
- До свидáния.

- Гости́ница «Европе́йская».
- До́бр___ день. Мо́___ попроси́ть господи́н___ Хохштрассер___ ?
- Од___ мину́т___ ... ___ , к сожале́ни___ , сейча́с нет. ___ что́-нибудь переда́ть?
- Да, пожа́луйста. Переда́___ ему́, что Ерёмин Па́вел Петро́вич ___е́дет за ___ не в 17 час___ , а то́лько в 18 час___ .
- Хорошо́. Ерёмин Па́вел Петро́вич ___ за господи́н___ Хохштрассер___ не в 17, а в 18 час___ .
- Спаси́бо, до свида́ния.
- Пожа́луйста.

- Добрый ве́чер. Что бу́дете зака́зывать?
- Я ду́маю, на пе́рвое, ___ (Salat).
- Так, два ___ (Salat). Горя́чее?
- Господи́н Хохштрассер, что вы предпочита́ете, ___ (Fisch) или ___ (Fleisch)?
- Я бо́льше люблю́ ___ (Fleisch).
- Тогда́ ___ (Kotelett à la Kiew). И что вы посове́туете на десе́рт?
- Возьми́те ___ (Eis).
- Хорошо́, две по́рции, пожа́луйста, и два ___ (Kaffee).
- ___ (Wein) бу́дете зака́зывать?
- Да, пожа́луйста, буты́лку «Мукуза́ни».

A: Gruß. Bitte um Verbindung mit Partner.

B: Meldet sich.

A: Vorstellung.

B: Reaktion. Mitteilung, dass er Brief erhalten hat.

A: Reaktion. Frage nach Treffen.

B: Einladung zu Mittagessen. Abholen vom Hotel um 14 Uhr.

A: Reaktion.

B: Frage nach Hotel.

A: Antwort.

B: Verabschiedung.

A: Dank. Verabschiedung.

- Добрый день! Я хотел немецкие марки.
- Добрый день! Пожалуйста. Сколько вы обменять?
- Сто марок.
- Пожалуйста.
- Сколько сегодня немецкие марки?
- 2 850 рублей ... Вот, пожалуйста, пятьдесят, сто, сто пятьдесят, двести, двести пятьдесят тысяч, двести шестьдесят, двести семьдесят, двести восемьдесят тысяч и ещё пять тысяч: двести восемьдесят пять рублей. Так вас?
- Да, спасибо. Скажите, пожалуйста, как вы?
- с восьми до часов вечера.
- Ежедневно до шести часов?
- Да, и в тоже. Пожалуйста, ваша.
- Простите, ещё один. Здесь есть почта?
- Да, на втором этаже.
- Большое спасибо. До свидания.
- Всего доброго!

1. бы	7. работаете
2. вопрос	8. стоят
3. воскресенье	9. тысяч
4. Ежедневно	10. устроит
5. квитанция	11. хотите
6. обменять	12. шести

1   Добрый день! Я хотел бы обменять немецкие марки.

2   Сто марок.

3   Сколько сегодня стоят немецкие марки?

4   Да, спасибо. Скажите, пожалуйста, как вы работаете?

5   Ежедневно до шести часов?

6   Простите, ещё один вопрос. Здесь есть почта?

7   Большое спасибо. До свидания.

	Всего доброго!
	Да, и в воскресенье тоже. Пожалуйста, ваша квитанция.
	Да, на втором этаже.
1	Добрый день! Пожалуйста. Сколько вы хотите обменять?
	Ежедневно с восьми до шести часов вечера.
	Пожалуйста.
	2 850 рублей ... Вот, пожалуйста, пятьдесят, сто, сто пятьдесят, двести, двести пятьдесят тысяч, двести шестьдесят, двести семьдесят, двести восемьдесят тысяч и ещё пять тысяч: двести восемьдесят пять тысяч рублей. Так вас устроит?

                                    © **Max Hueber Verlag, 1997: Best.-Nr. 2.4467**

вотпожалуйстапятьдесятстостопятьдесятдвестидв
естипятьдесяттысячдвестишестьдесятдвестисемьд
есятдвестивосемьдесяттысячиещёпятьтысячдвест
ивосемьдесятпятьтысячрублей

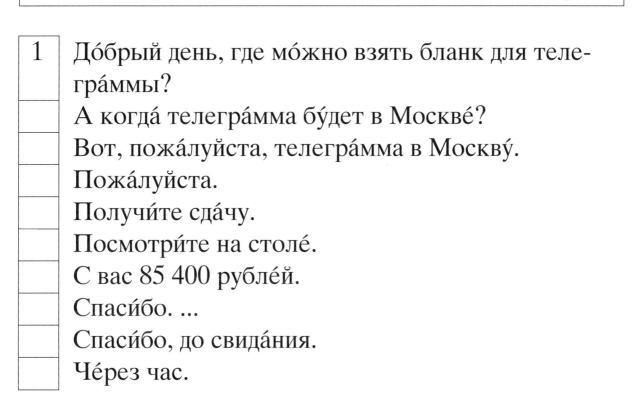

1	Дóбрый день, где мóжно взять бланк для телегрáммы?
	А когдá телегрáмма бýдет в Москвé?
	Вот, пожáлуйста, телегрáмма в Москвý.
	Пожáлуйста.
	Получи́те сдáчу.
	Посмотри́те на столé.
	С вас 85 400 рублéй.
	Спаси́бо. ...
	Спаси́бо, до свидáния.
	Чéрез час.

аллоадминистратордаслушаюваспожалуйстаразбу
дитеменязавтравсемьчасоввкакомномеревыживёт
евчетырестаседьмомхорошозавтравсемьчасовутра
номерчетырестаседьмой

© **Max Hueber Verlag, 1997: Best.-Nr. 2.4467**   63

1 Добрый вечер, Эрвин. Рада вас видеть.

Вера, от души поздравляю вас с днём рождения. Это вам.

Вот, мама.

Добрый вечер, госпожа Серёгина.

Друзья, знакомьтесь: это наш друг из Берлина Эрвин Хохштрассер. Эрвин, садитесь, пожалуйста, угощайтесь!

Называйте меня просто Вера. Раздевайтесь, пожалуйста.

О, большое спасибо. Проходите, пожалуйста!

Очень вкусно. Вы можете дать мне рецепт? Мы с женой очень любим готовить.

Спасибо.

Спасибо, Эрвин, большое спасибо. А сейчас вы должны это попробовать.

Пельмени - моё фирменное блюдо.

Спасибо. Я хотел бы сначала поднять этот бокал за именинницу, за вас, Вера, и пожелать вам счастья и здоровья. За ваше здоровье.

С удовольствием. Владик, дай мне бумагу и ручку.

1. Wladik erzählt von seinen Plänen:

Я ___ ужé на ___ кýрсе, на пя́том, и ещё не тóчно
знáю, ___ я бýду рабóтать. Снача́ла я хотéл
рабóтать ___ англи́йского языка́ в шкóле, а тепéрь
... не знáю. Мóжет быть, бýду рабóтать на ___ , ___
óчень хорошó, потомý что специали́сты с хорóшим
___ иностра́нного языка́ сейча́с óчень ___ . А мой
___ тóже не зна́ют, как да́льше.

2. Sweta erzählt von ihren Plänen:

Я должна́ ___ , куда́ ___ пóсле шкóлы. Там, куда́ я
___ поступи́ть, ___ кóнкурс. Все сейча́с хотя́т ___
и́ли на экономи́ческий и́ли на юриди́ческий
факультéт. Но я во вся́ком ___ ___ поступи́ть.
Одни́ из мои́х одно___ пóсле шкóлы хотя́т ___
дéньги. А други́е – как и я – ___ к всту___ным
экза́менам. Почти́ все мои́ одно___ хотя́т ___ на
экономи́ческий факультéт.

3. Sweta erzählt von der Aufnahmeprüfung:

___ поступи́ть в инститýт, ___ специа́льные ___ ,
котóрые шкóла не ___ . Поэ́тому я хожý на кýрсы,
котóрые ___ нас к э́тим экза́менам. За э́ти кýрсы
___ роди́тели. И я хожý на кýрсы три ___ в
недéлю ___ два часа́.

- Мари́инский теа́тр.
- биле́т бы ве́чером заказа́ть на оди́н сего́дня хоте́л я.
- Пожа́луйста. У меня́ есть ещё оди́н биле́т в парте́-ре, за 55 000 рубле́й.
- возьму́ его́ отли́чно я
- На чьё и́мя?
- Хохштрассер.

- Здра́вствуйте. Я биле́т на сего́дня.
- На и́мя?
- Хохштрассер, Эрвин Хохштрассер.
- Сейча́с ... Нет, на э́то у нет биле́та.
- Не быть! Бу́дьте, посмотри́те раз. Биле́т и́мя Хохштрассер, в парте́ре, за 85 000 ... Я его́ зака́зы-вал по сего́дня в час, ...
- А он. Да, в парте́ре. С 85 000 рубле́й.
- Большо́е.

1. вас
2. вот
3. добры́
4. ещё
5. зака́зывал
6. и́мя
7. меня́

8. мо́жет
9. на
10. рубле́й
11. спаси́бо
12. телефо́ну
13. чьё

1. Кем он стал?

   хоро́ший инжене́р
   но́вый представи́тель фи́рмы
   плохо́й ме́неджер
   отли́чный сотру́дник

2. С кем вы сотрудничаете?

   иностра́нная фи́рма
   хоро́шее предприя́тие
   ру́сские партнёры
   но́вый колле́га по рабо́те

3. К чему вы готовитесь?

   вступи́тельные экза́мены
   перегово́ры
   командиро́вка
   пра́здник

4. Где ты учишься?

   после́дний курс
   экономи́ческий факульте́т
   шесто́й класс
   Дре́зденский университе́т

5. Где вы вчера́ были?

   интере́сная вы́ставка
   э́то предприя́тие
   Третьяко́вская галере́я
   экску́рсия по го́роду

© **Max Hueber Verlag**, 1997: Best.-Nr. 2.4467   67

- РосИнтер.
- Дóбрый день, с вáми говорúт Эрика Виланд, фúрма «Луттер», Вéна. Бýдьте добрый, ___ меня с господúном Соколóвым.
- Минýточку ...
- Соколóв.
- Здрáвствуйте, господúн Соколóв. Э́то Эрика Виланд говорúт.
- Дóбрый день, госпожá Виланд. О́чень рад вас слышать. Как у вас делá?
- ___ вас, всё в ___ . Чáсто ___ нáши встрéчи в Москвé. А как вáши делá?
- Тóже всё в ___ .
- Господúн Соколóв, мы получúли ваш факс, но, к сожалéнию, не смóжем ___ господúна Волыгина 16-го. В э́тот день у нас прáздник.
- А какúе ___ вы ___ ?
- С 23 по 27 апрéля. А вас это ___ ?
- Да, вполнé. Знáчит, Юрий Волыгин ___ к вам 23 апрéля тем же ___ . Госпожá Виланд, вы не смóжете ___ э́ти ___ фáксом, тогдá с австрúйской вúзой бýдет ___ .
- Конéчно. ___ вас, господúн Соколóв. Всегó вам дóброго.
- До свидáния, госпожá Виланд. ___ привéт коллéгам.

© Max Hueber Verlag, 1997: Best.-Nr. 2.4467

- Господи́н Волы́гин?
- Да.
- Добро́ ___ в Ве́ну. Меня́ ___ Эрика Виланд, я из фи́рмы «Луттер».
- О́чень рад с ва́ми ___ .
- Я то́же. ___ , что вы хорошо́ ___ .
- Спаси́бо, о́чень хорошо́.
- Господи́н Волы́гин, …
- ___ меня́ про́сто Юрий.
- Тогда́ я Эрика. Юрий, я ___ сейча́с ___ в ва́шу гости́ницу.
- Да, коне́чно …

© Max Hueber Verlag, 1997: Best.-Nr. 2.4467

- Да, конéчно. Вот сюдá вы свою́ фамúлию и úмя ...
  А сюдá áдрес ..., а сюдá граждáнство ...
  Вот, пожáлуйста, ключ. Ваш нóмер 306, на этажé.
  Но по-рýсски э́то ужé. Лифт там спрáва. Вы
  сейчáс, и мы с в 2 часá и пообéдаем в ресторáне.
  Обмéнный слéва от администрáтора. Там вы
  смóжете дéньги. И́ли вы в банк. Там курс бýдет
  навéрное. Кстáти, вы, мóжет быть, банк нахóдится
  почтú с гостúницей.

1. вáми
2. встрéтимся
3. домáшний
4. зайдёте
5. замéтили
6. лýчше
7. обменя́ть

8. отдохнёте
9. пúшете
10. пункт
11. ря́дом
12. трéтьем
13. четвёртый

  © **Max Hueber Verlag**, 1997: Best.-Nr. 2.4467

- У меня́ вопро́с ...
- Да?
- Че́рез три ме́сяца в Ве́ну на шесть ме́сяцев прие́дут два специали́ста из на́шей фи́рмы. Наш дире́ктор попроси́л меня́ узна́ть, мо́жно ли найти́ для них кварти́ру с телефо́ном.
- Кварти́ры о́чень дороги́е.
- Гости́ница деше́вле?
- Нет, кварти́ра деше́вле. В сре́днем ма́ленькая кварти́ра сто́ит де́сять-пятна́дцать ты́сяч в ме́сяц.
- В до́лларах э́то бу́дет ты́сяча, ты́сяча пятьсо́т?
- Да. У меня́ газе́та. Двухко́мнатная кварти́ра на пе́рвом этаже́ с телефо́ном – 12 000 ши́ллингов.
- Э́то с ва́нной и туале́том?
- Да.
- Где нахо́дится кварти́ра?
- В четы́рнадцатом райо́не.
- До фи́рмы далеко́?
- Час.
- Э́то норма́льно. Ва́ша фи́рма не могла́ бы нам помо́чь в э́том вопро́се?
- Е́сли мы найдём кварти́ру, мы вам напра́вим факс.
- Спаси́бо.

- Юрий, большо́е за э́тот текст. Я его с больши́м интере́сом прочита́ла. Я думаю, что по́сле в Москву вы написа́ть письмо́ в эту газету. Вы должны́ им сказать, что в этом тексте есть одна́.
- Пра́вда? Кака́я?
- То, что Бельведера и Евге́ния Саво́йского. Вот посмотри́те, что здесь: «Посетя́т уча́стники пое́здки и не ме́нее изве́стный дворцо́вый ко́мплекс – Ве́рхний и Ни́жний Бельведер, а та́кже дворе́ц, постро́енный в XVII ве́ке в ка́честве за́городной резиде́нции для знамени́того австри́йского полково́дца Евге́ния Саво́йского.» Это, что есть Бельведер, а кро́ме, есть дворе́ц Евге́ния Саво́йского. Де́ло в, что Бельведер и есть дворе́ц Евге́ния Саво́йского. А этот за́городный дворе́ц, наве́рное, Шенбрун.
- Я то́же, что здесь ничего́ нет о Шенбруне. Тепе́рь мне всё.

1. возвраще́ния
2. должны́
3. зна́чит
4. каса́ется
5. напи́сано
6. нето́чность
7. спаси́бо
8. того́
9. том
10. удиви́лся
11. я́сно

- Эрика, я хотéл бы осмотрéть город. Как мне в центр?
- Сначáла вам нýжно купить на городской трáнспорт. Вы мóжете это сдéлать в кассе или в автомáте.
- А как этими талóнами?
- Вам нýжно их прямо в вагóне трамвая или в автобусе или вхóдом в метрó. Юрий, я думаю, лýчше вам купить недéльный билéт на все трáнспорта.
- Большое спасибо, Эрика.

1. виды
2. пéред
3. пóльзоваться
4. предварительной
5. продáжи
6. проезднóй
7. проéхать
8. прокомпостировать
9. самостоятельно
10. талóны

- Как по телефону-автома́ту в го́роде?
- Почти́ так же, как у вас. Для э́того вам моне́ты в оди́н, пять или де́сять шиллингов. Снача́ла вы тру́бку, пото́м моне́ту и но́мер. Е́сли слы́шите коро́ткие, то э́то зна́чит, что но́мер. Е́сли дли́нные - отве́та.
- А где я могу́ но́мер телефо́на?
- В ка́ждой телефо́нной есть телефо́нная кни́га.

1. броса́ете
2. бу́дке
3. гудки́
4. жди́те
5. за́нят

6. звони́ть
7. набира́ете
8. нужны́
9. снима́ете
10. узна́ть

- Я хочу́ узнать, когда идут поезда́ на Мюнхен.
- Я позвоню́ и узна́ю. Когда вы хоти́те поехать?
- В пя́тницу по́сле пяти́.
- Я закажу́ билет туда́ и обра́тно.
- Да.
- Какой класс?
- Второй.
- Плацка́рту тоже закажу́.
- Где я получу́ билет?
- На вокзале.
- Когда?
- В пя́тницу.
- Спасибо.

1. обрати́ться:

      уча́стники вы́ставки

      Тама́ра Миха́йловна

      мой сотру́дник Серге́й Петро́вич

      наш представи́тель в Москве́

2. по́льзоваться:

      э́ти но́вые да́нные

      проездно́й биле́т

      телефо́нная кни́га

      трамва́й

      факс

3. соедини́ть:

      Михаи́л Серге́евич

      представи́тельство "Аэрофло́та"

      Ната́лья Алекса́ндровна

      дежу́рный

      госпожа́ Чу́брикова

4. запо́лнить:

      э́та анке́та

      э́тот бланк

      э́та деклара́ция

      регистрацио́нная ка́рточка

- Алло.
- Здравствуйте. Это представитель фирмы «Баукран АГ» Свен Крюгер.
- Здравствуйте.
- Я хочу с вами познакомиться. Когда мы встретимся?
- В пятницу в 11 часов.
- Хорошо.
- Вы к нам приедете?
- Я приглашаю вас к нам. И после разговора я приглашаю вас в ресторан.
- Хорошо.
- Наш сотрудник заедет за вами в 10.30.
- Хорошо. До свидания.
- До свидания.

- Добрый день! Шмидт из фирмы «Шольц».
- Здравствуйте.
- Когда мы можем встретиться?
- В четверг в 15 часов.
- Да.
- Наш сотрудник заедет за вами в 2 часа.
- Хорошо. До свидания.
- До свидания.

© **Max Hueber Verlag**, 1997: Best.-Nr. 2.4467

- Слушаю.
- Добрый день! Моя фамилия Крюгер. Я фирмы «Баукран АГ».
- Здравствуйте, господин Крюгер. Это Митрофанова. Очень вас слышать. Господин Крюгер, вы наше письмо?
- Да. И я хотел бы вас ваш интерес к нашим. Кроме того, я хотел бы передать вам информацию о наших приборах. Могу ли я к вам?
- Конечно. Вас среда, скажем, 10 часов?
- Да, вполне. Значит, я к вам в среду в 10 часов.
- Прекрасно. Всего доброго, господин Крюгер!
- До, всего хорошего, Валерия Сергеевна!

1. встречи	7. получили
2. дополнительную	8. приборам
3. за	9. приеду
4. зайти	10. рада
5. из	11. устроит
6. поблагодарить	

- Слушаю.
- Крюгер, фирма «Баукран АГ».
- Здравствуйте. Это Митрофанова. Вы получили наше письмо?
- Да. Спасибо. Я хотел бы передать вам дополнительную информацию о наших приборах в среду в 10 часов.
- Хорошо. До свидания.
- До свидания.

- Господин Крюгер, мы с большим интересом ___ ваши каталоги. Они, кстати, очень красиво ___ .
- Очень рад это слышать.
- Мы очень ___ в ваших ___ , особенно в приборах типа АД-650. Не могли бы вы сделать нам ___ на два прибора?
- С удовольствием.
- По ___ каталога мы не можем решить все вопросы. Поэтому прошу вас передать нам и ___ техническое ___ этого прибора.
- Конечно. Я думаю, что смогу передать вам предложение ___ следующей неделе.

- Кстати, ваши приборы уже работают в России?
- Три прибора типа АК-300, а приборы АД-650 пока нет.
- Жаль, нам было бы очень интересно увидеть, как работает этот прибор.
- В таком я вам вот что предлагаю. Приборы типа АД-650 работают, конечно, у нас в Германии, два прибора – в Чехии. Можно было бы вашего специалиста в Германию. Тогда он мог бы познакомиться со всеми типами этого прибора и самый. Как вы смотрите на это предложение?
- Я с вами согласна.
- Кстати, с нашими условиями поставки и платежа вы знакомы?
- Не очень, у нас пока только ваши каталоги. Уточните, пожалуйста, условия в своем. Простите, когда вы передадите ваше предложение? На неделе, вы сказали?
- Да, я. И большое спасибо за ваш.

1. выбрать
2. запрос
3. именно
4. подходящий
5. полностью

6. постараюсь
7. предложении
8. пригласить
9. следующей
10. случае

© **Max Hueber Verlag, 1997: Best.-Nr. 2.4467**

Наша фирма уже 50 лет. Ее мой отец. Теперь мы строительное оборудование и занимаемся гостиниц, офисов, центров отдыха. Пять лет назад мы смогли открыть филиалов в странах Европы. В этом году мы открываем филиал нашей фирмы в Москве. Всего на фирме сотрудников. Годовой нашей фирмы - 660 миллионов немецких марок. Значит, это предприятие.

1. оборот
2. основал
3. производим
4. различных
5. ряд

6. среднее
7. строительством
8. существует
9. тысяча

Господин Петерсен и госпожа Ивано́вская, деловые партнеры, встречаются на выставке в Москве:

- Здравствуйте.
- Здравствуйте. Вы первый раз участвуете в выставке в Москве?
- Нет, уже третий раз. А вы?
- Второй. Как у вас дела?
- Хорошо. А у вас?
- Тоже хорошо. Мы еще заинтересованы в ваших тракторах.
- Если вы сделаете заказ здесь на выставке, мы предоставим вам скидку в 6%.
- Хорошо. Я поговорю с руководством нашей фирмы.
- Хорошо.
- До свидания.

© Max Hueber Verlag, 1997: Best.-Nr. 2.4467

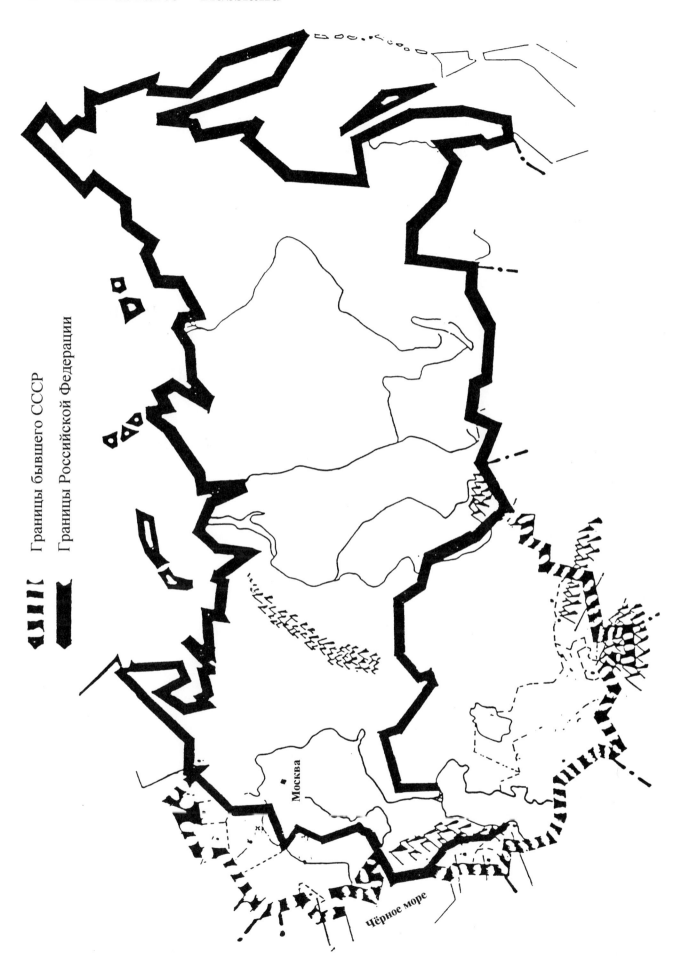

Границы бывшего СССР

Границы Российской Федерации

Москва

Чёрное море

Notizen